AF197593

Maria Magdalena Bäcker

Das 80 Billionen-Unternehmen Mensch

Erkennen – Führen – Leiten

www.tredition.de

© 2016 Maria Magdalena Bäcker

Verlag: tredition GmbH, Hamburg
Lektorat: Harriet von Bohlen
            Susanne Ertle
Cover: Susanne Ertle
            Maria Magdalena Bäcker

ISBN
Paperback: 978-3-7345-4843-7
Hardcover: 978-3-7345-4844-4
e-Book: 978-3-7345-4845-1

Printed in Germany

Das Werk, einschließlich seiner Teile, ist urheberrechtlich ge-
schützt. Jede Verwertung ist ohne Zustimmung des Verlages
und des Autors unzulässig. Dies gilt insbesondere für die elektronische oder sonstige Vervielfältigung, Übersetzung, Verbrei-
tung und öffentliche Zugänglichmachung.

Vorwort

Der Titel dieses Buches deutet nicht auf einen Ratgeber hin, sondern viel eher auf die Geschichte eines grossen Wirtschaftsunternehmens. Genau das ist es! Aber nicht irgendeines, sondern DAS, *unser eigenes Unternehmen*, unser Körper (80 Billionen Zellen), unser Geist und unsere Seele. Es gibt wenige Unterschiede zu einem „richtigen" Unternehmen. Es braucht in beiden eine Führungsperson und qualifizierte Mitarbeitende, die alle Verantwortung übernehmen, damit es läuft. In unserem Fall, sind wir die Führungsperson und jede unserer Zellen ist eine hoch spezialisierte und qualifizierte Mitarbeiterin die genau das ausführt was der Chef mehr oder weniger bewusst verlangt. Der Betriebsertrag, also der Gewinn oder der Verlust drückt sich entweder monetär aus oder im Fall unseres Unternehmens kann man es am Gesundheitszustand messen. Der kleine Unterschied? Wir können unseren Zellen nicht kündigen und sie kündigen nicht. Aber sie melden sich unmissverständlich in Form von Krankheit wenn wir als Chef nicht sorgsam genug mit ihnen umgehen. Dieses Buch zeigt wie es gehen kann, also doch ein Ratgeber, aber von einer etwas anderen Art.

Lassen sie mich kurz ausholen. Maria Magdalena Bäcker habe ich vor einigen Jahren in einer für mich nicht ganz einfachen Lebenssituation kennen- und schätzen gelernt. Sie hat mir die Lösungen zur Genesung auf dem goldenen Tablett serviert. Ich durfte sie nur noch umsetzen! Ich gebe zu, dass es nicht immer gleich einfach ist. Aber der Weg lohnt sich und birgt viele wunderbare Überraschungen. In Ihren Vorträgen, Kursen und in diesem Buch teilt Sie ihr Wissen, ihre Erfahrungen auf lebendige und humorvolle Art. Sie ermutigt Menschen sich selber an die Hand zu nehmen, kritisch zu sein, Verantwortung für sich zu übernehmen, selber zu experimentieren und zu entscheiden. Sie fordert auf nicht alles zu glauben, sondern seine eigenen

Sensoren zu kalibrieren, um selber zu spüren was richtig ist. Es gilt herauszufinden „was nährt oder was an der Substanz zehrt", wie Sie es pflegt zu sagen.

Was Sie in diesem Buch finden, sind keine leeren Sätze. Maria Magdalena Bäcker mag keine Worthülsen. Es sind gut verständliche Erklärungen, gespickt mit zahlreichen Literatur-Hinweisen und praktischen Anleitungen. Es sind motivierende aber gleichzeitig auch provokative und schonungslose Worte und nicht zuletzt Aufforderungen Verantwortung zu übernehmen. Ich kann Ihnen, lieber Leser, nur empfehlen auf die Reise zu gehen. Sie werden entdecken, was Ihr Körper täglich leistet, wie sie vorteilhaft mit ihm umgehen können, was sie selber tun können ohne ständig die Verantwortung an andere abzugeben. Sie werden verstehen wie Ihre Gedanken Einfluss auf Ihr Leben haben, sie krank oder gar gesund machen können! Aber vermutlich, wird Ihnen nicht alles was in diesem Buch steht gefallen. Nehmen Sie sich trotzdem oder sogar erst recht Zeit, lassen Sie sich provozieren und reagieren Sie. Das ist der Schlüssel. Jede ihrer Abwehrreaktionen wenn Sie diese Seiten lesen, jedes „ja, aber..." ist ein Zeichen dafür, dass Sie „dort" etwas bearbeiten oder zumindest hinterfragen dürfen. Wenn Sie mal damit anfangen, wird es spannend und kann Sie ganz schön weit bringen. Alles Gute!

Catherine Bass
Sozialwissenschaftlerin – Schweiz
MAS Palliativ Care – Geschäftsführerin

Anmerkung der Autorin

Neue Synapsen braucht die Welt! So könnte man den Inhalt dieses Buches in Kurzfassung präsentieren. Die Idee dazu entstand in Etappen. Immer wieder fragten mich Teilnehmer meiner Kurse, ob ich nicht zu den Inhalten meiner Seminare ein komprimiertes Buch erstellen könnte. So entstand diese Form. Es ist eine Essenz aus mehr als zwei Jahrzehnten Praxis- und Seminararbeit. Egal welchen Weg jemand für die persönliche Entwicklung wählt, es geht immer um Klärung der Wahrnehmung, Bewusstsein, Präsenz und Selbstreflexion. Die Basis eines erfolgreichen und Selbstbestimmten Lebens ist die gelebte Selbstwirksamkeit. Leider sieht die Realität anders aus. Das Betriebssystem zahlreicher Menschen ist nur noch begrenzt funktionsfähig. Die steigende Zahl der Personen, die täglich nur noch am Rand des Nervenzusammenbruchs dahinvegetieren spricht für sich. Dieses Buch liefert Denkanstöße in unterschiedliche Richtungen. Es stellt Fragen – die Antworten geben Sie sich immer selbst.

Lösungsorientiert und genau auf den Punkt gebracht, ohne viel Drumherum. Das ist es, was Freunde meiner Arbeit schätzen. Probieren Sie es selber aus. Zur Vertiefung finden Sie ab dem dritten Kapitel einige kleine Reflektionsübungen und Trainingsmodule. Sie sind durchaus sinnvoll, **nicht** unbedingt bequem aber mit enormer Tiefenwirkung.

Insgesamt liebe ich es, ein klein wenig zu provozieren – mit einer Prise Humor, angereichert mit viel Lebenserfahrung, gepaart mit ein klein wenig Sarkasmus, und gewürzt mit einer leidenschaftlichen Hommage an die Autonomie und Selbstverantwortung eines jedes Menschen. Also nicht immer nett, oder das, was man unter nett versteht.

Ich schreibe dieses Buch, weil es leider eine nicht mehr zu leugnende Tatsache geworden ist, dass ein kranker Mensch eine sichere Einnahmequelle für unterschiedliche Bereiche darstellt. So manche Interessensgruppe applaudiert und ist erfreut, über die steigenden Umsatzzahlen im Bereich Pharmazeutischer Präparate wie Beruhigungsmitteln, Psychopharmaka, Cholesterinsenker, Bluthochdruckpräparaten, Beta-Blocker, Schmerztabletten oder andere Hilfsmittel, die Ihre **Wahrnehmung** und Ihr **Bewusstsein auf die Größe eines Spurenelements reduzieren.** Wirtschaftlich ist es eher förderlich, wenn Ihre Kognitiven Fähigkeiten reduziert, oder vom Medienmüll gezielt überflutet werden. So sind Tür und Tor für Fremdbestimmung, Manipulation und Abhängigkeit in mannigfaltiger Form weit geöffnet.

Doch Sie haben die Wahl: weiterhin ignorieren oder wirklich hinschauen. Glauben Sie denn etwa tatsächlich, dass Ihre 80 Billionen Mitarbeiter Ihnen gerade Kopfschmerzen als Symptom senden, um Sie daran zu erinnern, dass Ihrem Körper Ibuprofen, Acetylsalicylsäure, oder Diclofenac fehlt? Mancher Ihrer zellulären Mitarbeiter fragt immer wieder in Ihrem Inneren: „Was macht dieser Mensch mit uns?"

Ich danke Euch, liebe Freunde, und wünsche Euch von ganzem Herzen ein erfülltes und selbstbestimmtes Leben.

Ich und Ihre 80 Billionen Mitarbeiter glauben an Sie!

Inhaltsverzeichnis

Kapitel 1

Mehr als ein Haufen Fleisch und Knochen

Noch ein Gesundheitsbuch?

Kommt darauf an, wie Sie es sehen möchten. Meine Intension geht eher dahin, Ihnen mit diesem Buch eine Essenz meiner jahrelangen Praxisarbeit anzubieten. In zehn Kapiteln reise ich mit Ihnen in leichter, humorvoller Weise durch das Wunderwerk Körper, ihrem wichtigsten Begleiter in diesem Leben!

„Na, den kenne ich doch schon einige Jahrzehnte!", höre ich Sie da sagen. Sind Sie sicher?

Die zunehmende Zahl psychosomatischer Erkrankungen sagt eher das Gegenteil. Die Zeit ist reif, dass wirklich jeder verantwortungsvolle Mensch begreift: Wir sind tatsächlich mehr als ein Haufen Fleisch und Knochen! Die körpereigene Intelligenz besteht aus circa 75 - 80 Billionen hochkompetenter Mitarbeiter. Es gibt keine Maschine, keinen Computer, kein Gerät, was eine so einzigartige Ansammlung von Präzision in sich vereint. Ich verneige mich immer wieder mit höchstem Respekt vor diesem Meisterwerk. Und... wie gehen wir damit um?

Es wird Zeit für einen Wechsel der Blickrichtung, lieber Mensch!

Warum ist das notwendig?

Die steigende Zahl der Menschen, die täglich nur noch am Rande des „Nervenzusammenbruchs" dahinvegetieren, spricht für sich. Der Konsum von unzähligen „Beruhigungstabletten", Psychopharmaka, Beta-Blockern, Cholesterinsenker, Bluthochdruckmitteln, Herz-medikamenten, Kopfschmerztabletten und vielem mehr zeigt parallel dazu die Reduktion des menschlichen Bewusstseins. „Bewusstsein? Wovon redet die?", höre ich einige fragen.

Der größte Anteil der heutigen Vertreter des Homo sapiens kennt die Speicherkapazität seiner PC-Festplatten, kennt das Innenleben seines Handys, Smart- oder iPhones, hat sich auch intensiv um die Einhaltung der Inspektions-termine seines Autos, dem „heiligen Blechle", gekümmert und weiß auch noch, dass Zucker dick macht. Immerhin!

Doch wenn gefragt wird, wie es um die Befindlichkeit seines neurosensorischen Systems und den aktuellen Zu-stand seiner Entgiftungsorgane steht, so wird er wahr-scheinlich große Augen machen. Eventuell kommt ihm noch ein gequetschtes, zögerliches „Geht schon" über die Lippen.

In der Begegnung mit meinen Klienten zeigt sich immer wieder eine Konstante, die ich seit mehr als vier Jahrzehnten beobachten durfte: Sie sind „Lichtjahre" von ihrer eigenen Körperwahrnehmung entfernt. Würde es einen Eignungs-test oder gar eine Führerscheinprüfung für das Bewohnen des menschlichen Körpers geben, würden die meisten „Besitzer" wegen Unwissenheit und grober Fahrlässigkeit gnadenlos durchfallen.

Die folgende Bemerkung einer Klientin verdeutlicht diese Behauptung: „Ich höre jeden Morgen den Bio-Wetterbericht, dann weiß ich, wie es mir heute geht!" Aussagen wie: „Im Fernsehen haben sie gesagt..." oder „In der Zeitung stand..." zeigen mir, dass Medien mehr Wahrheitsgehalt zu haben scheinen, als die Signale des eigenen Körpers. Die Sprache des Körpers, die körpereigene Intelligenz, ist oftmals ein „Buch mit sieben Siegeln". Auf der „inneren Festplatte" ist wohl die Info abgespeichert, dass nur „Spezialisten" Zugang in die „geheime Welt der Körperfunktionen" haben, und kein „popeliger Laie" kann diese Wunderwelt überhaupt annähernd begreifen.

Diesen „Eingeweihten, aus dem hehren Kreis der Götter in Weiß" übergeben Menschen dann bedenkenlos ihr Versicherungskärtchen inklusive ihren Körper, ihre Würde und vor allem ihre Verantwortung für ihre Gesundheit.

Mit dem Abgeben der „Gesundheitskarte" bei der Anmeldung in einer Praxis gibt so mancher nicht selten auch die Verantwortung für sein bisheriges Verhalten, Denken und Handeln ab. Wirklich verstehen können, was sich da gerade als Körpersignal in Form eines Symptoms meldet, wollen nur wenige.

Es ist auch nicht unbedingt von jeder Branche, die sich um die Gesundheit „kümmert", gewollt, dass Klienten und Patienten wirklich verstehen, worum es geht.

Das ist nämlich nicht ganz ungefährlich für das betriebswirtschaftliche Interesse mancher Unternehmen. Denn wenn Patienten verstehen lernen, was mit ihnen geschieht, besteht die Gefahr, dass sie beginnen, selbständig zu denken und wohl auch noch eine eigene Meinung kundzutun, im schlimmsten Falle vielleicht die extra für sie mit Sorgfalt zusammengestellten Therapiewege und Medikamente zu hinterfragen. Und das geht echt zu weit!

„Um ein tadelloses Mitglied einer Schafsherde sein zu können,
muss man vor allem ein Schaf sein."
Albert Einstein

Jetzt kommt die gute Nachricht: Sie sind Inhaber eines Großkonzerns!

Ja, Sie sind Inhaber und Vorstand eines circa 75 - 80 Billionen-Großkonzerns! Ist das nicht wundervoll? Ich spreche, wie bereits erwähnt, von Ihrem Körper, mit dem Sie ja wohl schon einige Zeit unterwegs sind. Ihr „Unternehmen Körper" beschäftigt einige Billionen Mitarbeiter, mehr als es insgesamt Menschen auf diesem Planeten gibt, und Sie sind Vorstand und Firmeninhaber.

Oh Schock, was bedeutet das? – Genau das, wovor sich viele Menschen gerne drücken: Alleiniger Verantwortlicher zu sein!

„Was denn, ich bin allein verantwortlich für meinen Zustand?", werden Sie sich fragen.

Ja, und sicherlich haben Sie auch schon gehört, dass ein Unternehmen nur so gesund ist wie seine Mitarbeiter. Wie gesund sind Ihre Mitarbeiter? Kennen Sie Ihre Mitarbeiter und deren zahlreiche Spezialaufgaben? Wann haben Sie Ihre „Firma" das letzte Mal bewusst wahrgenommen? Genau hierfür entstand dieses Buch als hilfreicher Leitfaden!

Am Anfang war die Zelle...

Ihre Billionen Mitarbeiter sind Ihre Zellen. Kommt Ihnen das bekannt vor? – Grundkurs Biologie abgewählt? Dumm gelaufen, das war ein Fehler! Jetzt dürfen Sie nachholen! Falls Sie Interesse haben! Es steht Ihnen selbstverständlich frei, das Buch in Ablage „P" zu legen und weiterhin so zu tun, als ginge Sie der Ablauf Ihres inneren Betriebssystems nichts weiter an. Immerhin gibt es „da draußen" genug Fachleute, die sich um die lästigen kleinen „Wehwehchen" kümmern können. Ihnen fehlt vielleicht die Zeit, um sich tiefergehend mit diesem „Kleinkram" zu beschäftigen.

Das verstehe ich gut. Auch ich habe einige Jahrzehnte gebraucht, um zu begreifen, dass dieser „Kleinkram" die Grundlagen meiner Lebensqualität bildet.

Keine Angst, ich versuche gar nicht erst, Ihnen durch die Verwendung medizinischer Fachausdrücke zu suggerieren, dass die biologischen Gesetze Ihres Körpers ein für den Laien schier undurchdringliches Dickicht darstellen.

Dann würde ich ebenfalls zu dem beitragen, was von einigen Fach- und Wirtschaftsbereichen bewusst als Taktik angewandt wird, um stetigen Umsatz zu garantieren: Angst erzeugen, Verwirren, Informationen zurückhalten und diesbezüglich das gemeine Volk bewusst „bildungsneutral" halten!

Je mehr Sie sich selbst, was Ihre Gesundheit betrifft, in die Position der bewusst gewählten „geistigen Neutralität" stellen, umso mehr sind Sie ein „gefundenes Fressen" für bestimmte Industrien, Panikmacher und manipulierende Unternehmen!

Kommen Sie doch einfach mal mit. Ich lade Sie ein zur Firmenbesichtigung Ihres eigenen Betriebssystems Körper.

Die Firmenphilosophie

Die Firmenphilosophie heißt laut Platon: „panta rhei" – Alles fließt. Da haben wir ein weit verbreitetes Phänomen: die chronische Dehydration! Der Mindestbedarf des wichtigsten Transportmittels Ihrer Firma steht leider nicht immer in ausreichender Menge zur Verfügung. Die Unterversorgung mit Wasser ist ein Indikator für zahlreiche Stoffwechselfehlfunktionen. Dr. med. F. Batmanghelidji beschreibt in seinem Buch „Du bist nicht krank – Du bist durstig" die 46 entscheidenden Gründe, für die tägliche Wasserversorgung unseres Organismus.

Der menschliche Körper ist ein in jeglicher Hinsicht perfekt aufeinander abgestimmtes Betriebssystem. Seine zahlreichen Mitarbeiter arbeiten in bester Synergie miteinander, vorausgesetzt, es geht ihnen gut. Das bedeutet, es gibt keinen getrennt voneinander ablaufenden Funktionskreis. Eins greift ins andere, Informationen fließen ständig und unaufhörlich von Zelle zu Zelle, von Organ zu Organ, von Muskel zu Muskel. Ein internes Netzwerk der Informations- und Impulsübertragung arbeitet Tag und Nacht ohne Pause. Es arbeitet vollkommen autonom und mit höchster Effizienz, absolut Energie sparend, nichts wird sinnlos vergeudet. Jede Substanz hat ihre Gegenregulatoren, alles funktioniert in höchster Präzision wie ein Schweizer Uhrwerk und ist optimal aufeinander abgestimmt. Mit der Aussage „Alles fließt" weist Platon darauf hin, dass es keinen Stillstand im Körper gibt. Bewegung ist Leben, Stillstand ist Tod.

Der Körper ist auf LEBEN eingestellt, das ist seine Aufgabe. Aus diesem Grund kontrolliert kontinuierlich ein körpereigener „Wartungsdienst" unser Betriebssystem. Kleine Reparaturen werden sofort vorgenommen, ausgediente Mitarbeiter, die ihrer Aufgabe nicht mehr nachkommen, werden verabschiedet und neue ins bestehende System integriert. In jeder Sekunde Ihres Lebens sterben circa 50.000 Zellen und werden gleich durch neue Zellen ersetzt. Ein vollkommen physiologisches Kommen und Gehen. Einige Nervenzellen im hirnfunktionalen Bereich begleiten uns unser gesamtes Leben lang, andere Zellen muss der Körper halt ab und an, aufgrund normalen Verschleißes, austauschen. So werden die Plattenepithelien der Haut circa alle zwei Wochen ausgetauscht, einige Schleimhautzellen im Darm oder im Magen sogar täglich.

Also, alles läuft so, wie es die Schöpfung in ihrer höchsten Intelligenz konstruiert hat. Bis... ja, bis eines Tages ein „Fehler im System" auftritt.

Der Körper als Ersatzteillager

Eines Tages blinkt die *„rote Lampe"*, ein Symptom meldet sich. Nun, in der Fahrschule haben wir gelernt: Wenn die rote Lampe blinkt, ist irgendwo ein Defekt. Also fahren wir in die Werkstatt und bitten den Kfz-Monteur, die Ursache zu finden und den Defekt zu beheben. Zeigt sich in unserem Körper ein Symptom in Form eines Schmerzes (es blinkt sozusagen eine *rote Lampe*), gehen wir zum Onkel Doktor, beschreiben den Schmerz, das Symptom, in der Hoffnung, dass es schnell beseitigt wird. Die möglichst rasche Beseitigung der Symptome ist zwar zunächst hilfreich, gleicht allerdings eher der Entfernung der blinkenden roten Lampe. Also statt Änderung der auslösenden Faktoren, wird einfach das Symptom beseitigt: Galle raus, Bypass rein, altes Hüftgelenk raus, neues rein, altes Kniegelenk raus, neues einbauen! Müssen Sie deshalb an Ihrer Lebensweise etwas verändern? Wozu? Einfach weitermachen wie bisher, dann bleiben Sie mit absoluter Sicherheit als „Einnahmequelle" Patient erhalten!

So wird letztendlich der rebellierende Körper, dieses Meisterwerk der Präzision, auseinander genommen wie ein alter VW-Käfer. Sind Galle oder Niere „steinreich" und beginnen sich unter Schmerzen zu melden, dann lassen wir sie einfach rausnehmen!

Soll ich irgendetwas beachten? Nein, ist doch nur die Galle oder die Niere und von der Niere habe ich ja eh gleich zwei! Wie gesagt: Einfach weitermachen wie bisher!

Doch Sie sind mehr, als nur die Galle von Zimmer 13 oder die Niere von Station III oder der Herzinfarkt von heute Nacht. An der Galle, der Niere oder dem Herzen hängt ein Individuum, wie es kein zweites auf diesem Planeten gibt, nämlich Sie.

Dazu kommt noch: Bevor Ihr Betriebssystem auf „Error" schaltete und Sie medizintechnisch auf Ihre defekte Galle, Ihre steinreiche Niere, Ihren erhöhten Innendruck (Bluthochdruck) oder Ihren Kolbenfresser im Herzsystem (Herzinfarkt) reduziert wurden, hatte Ihr Körper garantiert schon einige Male signalisiert, dass eine Störung vorliegt. Leider wurden diese „Fehlermeldungen" nicht von Ihnen wahrgenommen. (Nebenbei bemerkt: Das wäre Ihnen mit Ihrem PC oder Ihrem Auto nicht so leicht passiert!)

Jede kleine Funktionseinheit des Betriebssystems Körper sorgt dafür, dass Ihr Unternehmen im Flow ist. Doch bei andauernder Überbelastung und zunehmender Verseuchung mit Schlacken, Giften und ranzigen Fetten, brechen ihre Funktionen zusammen.

Die Grundlagen der Arbeitsmöglichkeiten Ihrer zellulären Mitarbeiter wurden über Jahre mehr und mehr durch einen entsprechenden Ernährungs- und Lebensstil zerstört. Die Belegschaft Ihres Großkonzerns hat leider keine „Gewerkschaft", die auf Missstände aufmerksam macht. Und so etwas wie einen „Arbeitsschutz", der dafür sorgt, dass ein Mindestmaß an Voraussetzung für optimale Dienstleistungen gegeben ist, gibt es auch nicht. Jede einzelne Zelle ist eine hochintelligente Lebensform, die älteste Lebensform auf unserem Planeten. Aus ihr entstand über einen Zeitraum von über 600 Millionen Jahren, auf dem Weg der Evolution, der jetzt existierende Homo sapiens.

Die Zelle als kleinste Funktionseinheit arbeitet in perfekter Synergie mit allen Funktionskreisen des menschlichen Organismus. Sie kann sogar ohne einen menschlichen

Körper weiter existieren. Dann halt in einer anderen Form. Der Homo sapiens der Neuzeit hat jedoch leider bei allem Fortschritt noch nicht begriffen, dass er ohne das perfekte Funktionieren dieser kleinsten Funktionseinheit langfristig keine Überlebenschance hat.

Vielleicht aber doch: als geklontes ESBE = Ein-sich-bewegendes-Etwas (Bezeichnung von Vera Birkenbiehl). Ein ESBE lebt, nimmt Nahrung auf, scheidet aus und funktioniert über Befehlsempfang, jedoch ohne Individualität, naturgegebene Autonomie und eigene Intelligenz.

Es gibt davon mehr Exemplare als man glaubt. Die Dunkelziffer ist extrem hoch, zur Freude einiger Wirtschaftszweige! Je stumpfsinniger der Mensch, umso leichter lässt er sich manipulieren. Perfekt!

Kapitel 2

Synergie: die Basis allen Lebens

Gesundheit, Lebensfreude, Vitalkraft und Intelligenz wurden stets auf der Grundlage von Billionen Zellen des Organismus entschieden. Wie oben beschrieben, ist jede einzelne Zelle ein „selbständiges Unternehmen" mit entsprechenden „Fach-Abteilungen". Sie verfügt über eine eigene Intelligenz und hohem Bewusstsein. Zudem ist sie ein Wunderwerk an Technik und perfekter Symbiose. Sind unsere Billionen Mitarbeiter in Balance, kommunizieren sie untereinander in absoluter Präzision. Informationen, Impulse, Aufbau und Abbau finden im Körper in jeder Sekunde statt. Und das alles autonom, ohne die Mitarbeit des „Eigentümers"! Was durchaus in einigen Fällen von Vorteil ist.

Zellintelligenz

Von außen nach innen betrachtet ist die Zelle von einer Zellmembran umgeben, die auf jegliche Veränderung und Reize reagiert. Lange glaubte die Wissenschaft, dass der Zellkern die eigentliche Kommandozentrale der Zelle darstellt. Man ging davon aus, dass der Zellkern die Abläufe und Reaktionen in der Zelle bestimmt. Umso erstaunlicher sind die wissenschaftlichen Dokumentationen des Zellbiologen und Medizinprofessors *Prof. Dr. Bruce H. Lipton*, der herausfand, dass die Zellmembran, der Schutzmantel jeder Zelle, viel eher als der Zellkern mitbekommt, dass „Gefahr" in Form eines toxischen Milieus im Umfeld vorhanden ist.

Ein toxisches Milieu entsteht im extra- und intrazellulären Bereich durch Aufnahme von Toxinen in Form von minderwertiger Nahrung, Stressreaktionen, Medikamenten, „Genussgiften" wie Nikotin, Alkohol, Drogen, destruktiver Lebensführung und der daraus entstehenden Dysbalance der emotionalen Befindlichkeit.

Vor allem Stress, Angst, Panik, Wut, Zorn, Sorgen, die gesamte Palette des menschlichen Wahnsinns, nimmt direkten Einfluss auf die Zellmembran bis zur DNS und den gesamten funktionalen Ablauf in der Zelle. Und zwar in jeder Sekunde Ihrer Existenz!

Durch die Qualität der Gedanken kommt es über eine Reaktionskette zur Freisetzung von Proteinen, wie z.B. den Neuropeptiden. Mittels der Trägersubstanz Blut wandern diese Botenstoffe zu den Zellen und docken sich an entsprechenden Rezeptoren an. All diese Impulse werden durch das zelluläre Gedächtnis abgespeichert.

Das halb durchlässige, dreischichtige Häutchen der Membran schirmt wie ein Schutzmantel soweit wie möglich das Zellinnere vom Umfeld ab. Bei einer Dauerbelastung jedoch, die Tag und Nacht anhält, kann auch die stärkste Membran den Angriffen oxidativer Substanzen nicht mehr standhalten.

Oxidative Substanzen sind chemische Spezies, die als freie Radikale bezeichnet werden. Es sind ungesättigte Moleküle mit einem oder mehreren ungepaarten Elektronen auf ihrer Außenschale. Ungesättigt bedeutet, sie sind „hungrig" und damit instabil und hochaggressiv. Sicherlich kennen Sie den Zustand von sich selbst, wenn Sie hungrig sind. Auch Sie sind dann emotional höchst instabil und greifen mal schnell nach allem, was vorübergehend satt macht. Wie freie Radikale, streben auch Sie den Sättigungszustand an. Genau das machen diese „kleinen Racker" mit verheerenden Folgen für Ihr Zellsystem.

Besonders an der Zellmembran finden vermehrt Oxidationsprozesse statt. Kein Wunder, denn sie besteht aus einer doppelten Schicht von Eiweiß- und Fettmolekülen, die besonders leicht oxidieren. Das Innere der Zelle ist gefüllt mit einer wässrigen, salz- und eiweißhaltigen Substanz, dem Zytoplasma. Ähnlich wie das Fruchtwasser in der Gebärmutter. Darin eingebettet liegen der Zellkern und die verschiedenen Zellorganellen.

Eine kleine Betriebsführung durch die Produktionsabteilung der Zelle

Im Zellkern werden die Produktionsabläufe des Betriebssystems Zelle organisiert und überwacht. Auch die 46 mikroskopisch feinen, geknäulten Fäden des Chromosomen-Satzes (DNS/DNA), der die Erbinformationen und Informationen zur jeweiligen Reproduktion beinhaltet, sind hier gespeichert.

Sogar ein „zelleigener Spediteur" steht zur Verfügung: das endoplasmatische Retikulum. Es ist für die Speicherung der in der Zelle gebildeten Produkte sowie den interzellulären Transport zuständig. Die engsten „Mitarbeiter" des endoplasmatischen Retikulums sind die Ribosomen, gekörnte Organellen, die in den Gängen des endoplasmatischen Retikulums festsitzen und auch frei im Zytoplasma (Zellflüssigkeit) vorhanden sind. Sie kümmern sich um die Aminosäuren, die aneinander gekettet Eiweiße für den Stoffwechsel bilden. Die Kraftwerke der Zelle sind die Mitochondrien. Wissenschaftler vermuten, dass das Mitochondrium unsere Urzelle ist, aus der sich im Laufe der Evolution über Jahrmillionen der heutige Homo sapiens entwickelte. Mitochondrien sind in der Regel bohnenförmig und bilden die energetischen Zentren des Zellhaushaltes. Sie sind unsere zellinternen Energiefabriken. Sie liefern die Energie für alle Stoffwechselvorgänge der Zellen. Hier werden Traubenzucker, Fette und Aminosäuren durch Sauerstoff oxidiert. Der Vorgang wird als die innere Atmung (Atmungskette) beschrieben und dient der fortlaufenden Energiegewinnung. Ihre Hauptarbeit ist die Produktion chemischer Energie in Form energiereicher Phosphatverbindungen, wie dem Adenosintriphosphat

(ATP) aus dem Kohlehydrat-Stoffwechsel. ATP ist der Energielieferant für alle Stofftransporte, der Muskelkontraktion und der Informationsübertragung durch Nervenimpulse. Die ATP-Moleküle werden dazu an die Orte transportiert, wo Energie gebraucht wird. Als Zwischenlager dienen blasenähnliche Hohlräume, die Vakuolen, die die Stoffe, die eine Zelle produziert, bei Bedarf in die Verteilung geben. Die Lysosomen sind die Speicher für die chemischen Stoffe zum Abbau von Bakterien oder Viren und funktionieren ähnlich wie ein „Wertstoffhof". Es wird gecheckt, was von Nutzen ist und was entsorgt werden kann.

Dieser bewusst extrem vereinfachte, kleine Ausflug in die Wunderwelt unserer faszinierenden Zellfunktion und Grundeinheit allen Lebens lässt unschwer erkennen, wie wichtig es ist, die notwendigen Voraussetzungen zu schaffen, damit diese überlebenswichtige Synergie auch funktionieren kann. Und zwar in jeder Sekunde Ihres kostbaren Lebens! Eine ausgewogene Balance der gesamten Bio-Chemie des Körpers ist die Voraussetzung zur optimalen Funktion aller Organsysteme.

Wie gesagt: Ein Unternehmen ist nur so gesund wie seine Mitarbeiter!

Oh je, da gibt es wohl einige kranke Unternehmen! Doch diese kranken Exemplare der menschlichen Existenz, das dürfen wir nicht außer Acht lassen, tragen paradoxerweise in vielerlei Hinsicht zur Aufrechterhaltung des Bruttosozialproduktes bei, indem sie Arbeitsplätze schaffen, die Rechtfertigung der Pflegeversicherung sichern und die Massenproduktion von Antibiotika, Schmerzmitteln, Psychopharmaka und anderen „Grundversorgungsmitteln" aufrechterhalten. Laut neusten Erkenntnissen der WHO gehen wir <u>alle</u> ab dem 70. Lebensjahr in die hirnatrophische Daseinsform, der Demenz über. Hier wird die Alzheimer-Erkrankung angesprochen, und als unumgängliches Schicksal dargestellt. Zu diesem Thema empfehle ich das Buch von Michael Nehls, Molekulargenetiker: „Die Alzheimer Lüge"!

Laut WHO führt angeblich kein Weg daran vorbei!?!

Oder doch? Meiner schon!

Ich habe nämlich beschlossen, durch bewusste Lebensgestaltung und qualitativ hochwertige Nahrung, kombiniert mit klarem Geist und wacher Präsenz, meinen 75-80 Billionen Mitarbeitern die Chance zu geben, ihren Job so zu machen, dass wir, - meine Zellen und ich - , gemeinsam dieser Anordnung der WHO nicht Folge leisten werden.

Ich lade Sie ein, dabei zu sein! WELCOM!

Kapitel 3
Die innere Software bestimmt das Programm

Und jedem geschehe nach seinem Glauben

Dieser Hinweis aus dem Buch der Bücher dürfte wohl jedem bekannt sein. In der Tat ist der Glaube eine der drei Schöpfungswerkzeuge, mit dem wir unsere Lebensqualität selbst erschaffen. Gedanke/Glaube, Wort und Tat zeigen die aktuelle Ebene der geistigen Entwicklung eines Individuums.

Unverkennbar sind die zunehmenden geistigen und körperlichen Erkrankungen der zivilisierten Menschheit inzwischen kaum noch einzugrenzen. Wir haben zwar technisch viel erreicht, aber Körper und Seele tausender Menschen zeigen ein Bild der schleichenden Zerstörung. Was sind die Ursachen dieser krankmachenden Prozesse? Lassen Sie mich zum besseren Verständnis der umfangreichen Zusammenhänge die Welt des Computers als metaphorisches Modell nehmen. Nun, als verantwortliche PC-Benutzer haben Sie sicherlich eine Anti-Virus-Software installiert. Deren Aufgabe ist es, Fremdprogramme in Form von Viren, Trojanern, Spyware oder anderen üblen Gefahren, sowie Schädlinge, die dem Betriebssystem schwersten Schaden zufügen, rechtzeitig zu entdecken und möglichst zu eliminieren. Absolut die beste Maßnahme, um ein einwandfreies Funktionieren des Computers zu gewährleisten!

Und welches Anti-Virus-Programm reinigt Ihre mentale Software?

Bis jetzt keines. Was geschieht mit all den eingelagerten Fremdprogrammen auf Ihrer „mentalen Festplatte"?

Nichts! – Wir alle haben Zeit unseres Lebens immer wieder die imaginäre Speichertaste betätigt und alles aufgeladen, was an Fremdinformationen vorbeikam. Es wurde abgespeichert und als wahr empfunden.

Ergebnis: Die Palette der abgespeicherten Programmierungen, Konditionierungen, Fremdgesetze und Weltbilder, die nicht unbedingt die Ihren sind, beeinflussen bis zum heutigen Tag Ihre gesamte Wahrnehmung, Sicht- und Denkweise, und Handlungs- und Konfliktkompetenz! Wir laufen mit der Software eines Kleinkindes herum, konditioniert und emotional unterernährt!

Der Begründer der Psychoanalyse *Sigmund Freud (1856 - 1939)* verdeutlicht anhand des „Eisberg-Modells" die Tiefen des menschlichen Bewusstseins. Was Freud hier über viele Jahre in seiner Arbeit als Analytiker beobachtete, war, dass Kommunikation und Verhalten gerade mal 10 bis 20% bewusst und rational beeinflusst wird, 80% jedoch unbewusst gesteuert abläuft. Was sich im Unterbewusstsein abspielt - immerhin 80-90% der Prägungen und Konditionierungen - hat somit einen erheblichen Einfluss auf unser Fühlen, Denken und Handeln.

Fremdinformationen sind all die Informationen, die im Laufe des Lebens aus dem Umfeld aufgenommen werden. Zu Beginn natürlich das Reaktions- und Lebensverhalten unserer Ursprungsfamilie. Diese Abhängigkeitsform, durchlebt jedes Lebewesen. Leider finden bis zum circa sechsten

Lebensjahr die intensivsten Prägungen und Konditionierungen im Seelenleben des Menschen statt. Sie bilden die Basis für Gestaltung und Ablauf der Lebensdramen. Drehbuch und Rollenbesetzung gestalten wir unbewusst aus den Vorgaben des Umfeldes. Die gesamte Palette der glaubenskompatiblen Regeln und Gesetze wird dann als Erziehung bezeichnet.

Die Individualität der konstitutionellen Software und nicht selten auch die Persönlichkeit, wird sukzessiv geformt und entsprechend programmiert. Das bedeutet, die „Trojaner" des etablierten Erziehungssystems beginnen Ihr Lebens-Programm zu schreiben.

Vom Ursprung her ist unser Geist und Organismus ein Meisterwerk der Schöpfung. Soft- und Hardware arbeiten absolut kompatibel miteinander. So soll es sein! Wir werden mit einem perfekten „Betriebssystem" geboren. Doch irgendwann beginnt zwangsläufig das Drama der Erziehung. *Alice Miller* beschrieb bereits in den 80er Jahren in ihren Büchern: *„Am Anfang war Erziehung"* und *„Das Drama des begabten Kindes"* die dramatischen Auswirkungen mancher Erziehungsmodelle.

Installation der Software

Die Fremdbeeinflussungen des individuellen menschlichen Geistes verursacht nicht selten „Schwachstellen" im Betriebssystem Körper-Geist-Seele. Diese Fehlprogrammierungen werden im wahrsten Sinne „bewusstlos" so lange gelebt und erfahren, bis wir beginnen, mehr und mehr Geschehnisse zu hinterfragen, zu reflektieren und im besten Fall, den ganz persönlichen, eigenen Weg zu gehen. Dass z.B. die emotionale Befindlichkeit der werdenden Mutter einen direkten Einfluss auf das entstehende Wesen in ihrem Bauch hat, ist mittlerweile hinreichend dokumentiert und soll nicht das Thema dieses Buches sein.

Die mannigfaltigen Auswirkungen auf das werdende Leben, sowie das Auf und Ab einer Schwangerschaft werden in dem Buch von *Susanne Ertle – „Burnout im Baby-Glück"* außerordentlich klar beschrieben. Ich empfehle es jedem, der diesbezüglich mehr erfahren möchte.

Bereits während der Embryonalzeit ist das entstehende Leben den emotionalen Einflüssen seiner Erzeuger ausgeliefert. Ungefiltert und direkt bekommt der Embryo vorgeburtlich die gesamte Palette der Hochs und Tiefs des Umfeldes in allen Variationen mit. Je nachdem, welche Gefühlsqualität den Moment der Zeugung begleitet, wird vom Unterbewusstsein bereits die erste Prägung aufgenommen.

Hatten Sie das große Glück, als ersehntes Wunschkind, also „im richtigen Moment am richtigen Ort", das Licht der Welt erblicken zu dürfen, können Sie davon ausgehen, dass Sie mit einer perfekten Software „gefüttert" wurden. Von „schön, dass es dich gibt" bis „du bist das größte Geschenk für diese Welt" wurde Ihre Software mit nährenden Informationen bestückt. Ein sonniges Wesen mit aufrechtem Gang beglückt nun diese Welt!

Bei Anderen ist die Ausgangsbasis oftmals nicht so rosig. Leider zeigen die zunehmenden psychischen Entgleisungen immer deutlicher das Ergebnis einer oberflächlichen bis lieblosen Reproduktion der menschlichen Gene. Die Welt ist voll von „emotional verhungerten Kleinkindern", die bis ins Erwachsenendasein der Anerkennung ihrer Existenz hinterherlaufen.

Die installierte Software bestimmt den Verlauf ihres Lebens

Bleiben wir beim Beispiel des Computers, da dies allein vom Verständnis der funktionalen Abläufe einigen Menschen doch vertrauter ist, als das Betriebssystem des eigenen Körpers.

Eine gute Anti-Virus-Software hilft dem PC-Benutzer, rechtzeitig zu erkennen, wann ein Fremdprogramm beginnt, die installierte Software zu unterwandern oder im schlimmsten Falle sogar eigene Störprogramme auf der Festplatte zu etablieren.

Das Beste Anti-Virus-Programm der Welt: Präsenz & Bewusstsein

Die Kraft der Präsenz ist die Kraft der Gegenwart. Im Leistungssport seit vielen Jahren erfolgreich angewandt, hat man längst den hohen Wert des Mentaltrainings erkannt. Es ist das effizienteste Anti-Virus-Programm für lebenslange Gesundheit und höchstes Wohlergehen. Klarer Geist und klare Richtung sind die Voraussetzung für Erfolg und Erfüllung auf allen Ebenen.

Nutzen Sie jedoch kein mentales Anti-Virus-Programm (wache Präsenz), bekommen Sie auch nicht rechtzeitig mit, ob und wann ein imaginäres Virus oder ein Trojaner in Form eines selbst-sabotierenden Verhaltens bereits unbemerkt sein Unwesen treibt. Sie sind komplett fremdgesteuert, bzw. „auf Autopilot" und merken es erst dann, wenn in Ihrem Leben immer mehr Probleme auftauchen, Krankheiten sich zeigen oder alltägliche Dramen zur Tagesordnung gehören. Ihre Wahrnehmungsoptik hat die Klarheit einer Milchglasscheibe und Ihre mentale Festplatte gleicht eher einem Gedankensalat. Abschalten geht nicht mehr! Zu spät! Sie sind raus!

Die „Installation" der menschlichen „Software" beginnt, wie zuvor bereits beschrieben, leider schon kurz nach der „Etablierung" in der Welt der Materie und Formen, nämlich in der Gebärmutter. Sie installiert sich selbst während der gesamten Schwangerschaft. Zum Ende dieses ersten Reifungsprozesses, nach circa neun Monaten, werden die meisten Erdenbürger mittels der natürlichen „Sturzflut" (Geburtswehen) aus der schützenden Geborgenheit der Gebärmutter in eine Welt des Unbekannten hinauskatapultiert. Soweit alles wundervoll!

Ist das Kind jedoch nicht willkommen, z.B. weil der Zeitpunkt unpassend ist (kommt häufig vor), oder die Mutter aus verschiedenen Gründen in eine postnatale Depression abrutscht, spürt der Neuankömmling recht bald instinktiv eine emotionale Ablehnung. Als personifizierter Störfaktor geboren und somit nicht willkommen zu sein, ist eine der härtesten Erfahrungen, die ein Mensch meistern muss. Das Ausmaß des gesamten seelischen Erlebens der ersten Wochen, Monate und Jahre ist als biografische Prägung lebenslang erkennbar, solange sie nicht bewusst angeschaut und bearbeitet wird. Die Palette der Speicherdaten ist mannigfaltig und in tausendfacher Variation vorhanden.

Zudem wird in der Phase der frühkindlichen Erziehung über die Gefühlsqualität Zuneigung, Ablehnung, bis hin zum Liebesentzug oftmals ein intensiver Terror auf das Kind ausgeübt. Eine der intensivsten Techniken ist die Manipulation über Scham- und Schuldgefühle. Ein perfektes, tiefgreifendes Erziehungsmodell, was gern von Eltern, Gesellschaft, Staat und Kirche als Prägungs- und Konditionierungswerkzeug eingesetzt wird.

Ob wir es wahrhaben wollen oder nicht: Jegliche Information wird im Unterbewusstsein abgelegt und gespeichert. – Der Körper vergisst nichts!

Hier ein Beispiel von vielen:

Zur Verdeutlichung wähle ich hier eine zunehmende Problematik der überforderten Zwei- bis Dreifach-Mutter unserer Neuzeit. Nicht selten lässt sich folgendes Szenarium beobachten: Die grandiose Freude über das erstgeborene Kind ist etwas abgeebbt, das selbige beginnt, endlich durchzuschlafen, der Adrenalinspiegel der jungen Mutter normalisiert sich langsam und dann..., dann kündigt sich, oh Schreck, viel zu schnell auch schon das zweite Kind an. Spätestens nach der Geburt dieses Kindes wird der „Mutter-Stress" so richtig intensiv. Erst taufrisch in dieser Welt angekommen, erfährt Kind Zwei die unmittelbaren Auswirkungen des emotionalen Spagats der Mutter, die es jedem ihrer Kinder, Ehemann, Partner, Arbeitgeber recht machen will. Langsam, aber stetig steigernd, bewusst oder unbewusst, beginnt ein subtiler Kampf um Zuwendung und Aufmerksamkeit in allen Abteilungen.

Der kleine Neuankömmling lernt, dank der gratis mitgelieferten „Software des Überlebenstriebes" sich entsprechend zu verhalten. Wenn es gut läuft und das Baby stark genug ist, gibt es deutlich zu verstehen was es braucht. Außer Nahrung ist Liebe, Zuwendung, Wärme, Geborgenheit und die spürbare Freude der Eltern, dass es existiert, das wichtigste Aufbau- und Lebensmittel des Kindes.

Doch leider wird viel zu oft der stumme Schrei nach Zuwendung gar nicht wahrgenommen oder geflissentlich überhört. Abweisende Reaktionen führen langfristig bei jedem Kind zu emotionaler Unsicherheit. Das Gefühl, als eine Art „göttliche Fehlproduktion" in dieser Existenz gelandet zu sein, wird Teil des Selbstbildes. Es ist eine deut-

lich spürbare Ambivalenz, die von permanentem Selbstzweifel, Angst und Verunsicherung durchflutet ist.

Leider wird fortan diese Gefühlsqualität zum stetigen
Begleiter dieses menschlichen Wesens. Die Grundüber-
zeugung als „personifizierter Störfaktor" in dieser Welt zu
sein, prägt sein Denken und Handeln. Eine quälende
Unsicherheit im Innern lädt vollkommen unbemerkt den
größten Feind der Persönlichkeit auf die innere Festplatte:
Ein „Trojaner" in der Gestalt eines nie ruhenden inneren
Kritikers, Antreibers oder einer anderen, die Persönlichkeit
schwächende Glaubensform.

Warum Glaubensformen?

Weil der betreffende Mensch tatsächlich diesem
inneren Terror mehr Glauben schenkt als der
leisen Stimme seines eigenen Herzens. Hinter
dieser als Perfektionist getarnten Gedanken-Software
verbirgt sich das „Killerprogramm" jeglicher Individualität.
Einmal etabliert und gestartet, installiert solch ein
„Trojaner" laufend neue Hilfsprogramme in Form von
Selbstzweifel und Vertrauensverlust in die eigenen
Fähigkeiten. Daraus erwächst die entsprechende chronische
Unsicherheit, gepaart mit der Angst zu versagen oder nicht
zu genügen. Immer häufiger wird aus dieser quälenden
Unsicherheit heraus der Lösungsversuch über die Ebene
„mehr desselben" gestartet: „Streng Dich noch mehr an, gib
Dir mehr Mühe, arbeite mehr und noch mehr!" Angetrieben
vom Leistungswahn und dem bohrenden Bedürfnis, endlich
der Welt zu beweisen: „Ich bin da und ich bin richtig, ich
bin da und ich bin wichtig!"

Die innere Beweispflicht wird zum ständigen Begleiter

Schon *Albert Einstein* kam zu der Erkenntnis: *„Ein Problem kann man niemals durch die gleiche Denkweise lösen, durch die es entstanden ist!"*

Der Lösungsversuch „mehr des SELBEN" (also immer wieder das Gleiche) tarnt sich perfekt durch Überzeugungen wie „ich muss mehr leisten, mehr sein, mir mehr Mühe geben, mich noch mehr anstrengen und vor allem mich mehr zusammenreißen!

Allein ein ständiges Wiederholen von sinnlosen Aktivitäten, die bisher nicht den Erfolg brachten, ist letztlich Schwachsinn. Ein „noch mehr" von dem, was bereits geleistet wurde, wird zum eigentlichen Bestandteil des Problems. Diese folgenschwere Glaubensform bildet den Grundstein für eine lebenslang bewusste oder unbewusste Anpassung um jeden Preis im privaten Umfeld, Beruf oder Business. Ich nenne sie „die ganz alltägliche Prostitution", d.h.: um jeden Preis gefallen! Egal was, ich tue alles für dich, aber verlass mich nicht. Ich verlasse dich nicht und du verlässt mich nicht! Was soll ich heute für dich tun, lieber Chef, Partner, Staat, religiöse Gemeinschaft, etc., damit du zufrieden mit mir bist und mich liebst. Egal, ob Frau oder Mann, der „emotionale Hunger" nach Wertschätzung und Anerkennung macht vor niemandem halt und ist tief in die verunsicherte Seele eingebrannt und auf der inneren Festplatte gespeichert.

„Es ist entwürdigend, wenn der Mensch seine Individualität verliert und zu einem bloßen Rädchen im Getriebe wird!"
Mathatma Gandhi

Kapitel 4
Die ganz alltägliche Prostitution

Anerkennung und Wertschätzung sind Grundbedürfnisse unserer menschlichen Existenzform die nach Sättigung verlangen und auf Erfüllung drängen. Wir wollen gefallen, angenommen und wertgeschätzt werden. Ist dies über Jahre oder gar Jahrzehnte nicht der Fall, beginnt sich sukzessive alles Denken und Fühlen nur noch um dieses innere Vakuum der fehlenden Aufmerksamkeit zu drehen. Ähnlich eines „schwarzen Loches im Weltall", absorbiert dieses Defizit, in Form der gefühlten inneren Leere, jegliche Lebensenergie. Der suchende Fokus wandert kontinuierlich ins Außen. Der Lebensmotor wird stetig angetrieben von der drängenden Motivation unbedingt den Anforderungskatalog des Umfeldes um jeden Preis zu erfüllen. Der Hunger nach Wertschätzung, Liebe und Anerkennung wird zur Triebfeder der Existenz. Ein Teufelskreis, „circulus vitiosus", beginnt.

Der Wert der eigenen Existenz wird ausschließlich nur noch über Resultate, Ergebnisse sowie die Reaktion des Außen definiert! Je zufriedener das Umfeld, umso glücklicher der Leistungserbringer, umso größer die Chance auf Anerkennung.

Resultat: Everybody's Darling, everybody's Depp! Sich anpassen um jeden Preis und verbiegen wie eine Brezel, um für andere „genießbar" oder „brauchbar" zu sein, nimmt immer größere Priorität ein. Ein Leben in höchster Kontrolle, ist der Preis.

Aus den asiatischen Kampfsportarten und Entspannungstechniken, wie dem Qi Gong, kennen wir das Gesetz der Physik: "Energie folgt der Aufmerksamkeit". Dort, wo die Aufmerksamkeit sich befindet, fließt auch die Lebenskraft.

Ist die Aufmerksamkeit ausschließlich darauf ausgerichtet, die Wünsche und Bedürfnisse des Umfeldes rechtzeitig zu erkennen und zu erfüllen, fließt die Lebenskraft entsprechend in die Richtungen.

Kurz gesagt, wir haben das energetische Potential einer Schrotflinte: es verpufft – in zig Richtungen. Entsteht im schlimmsten Falle daraus ein Automatismus, erfolgt zwangsläufig die Reduktion vom menschlichen Individuum zum „Bedürfnis-Erfüllungs-Automaten".

Es reicht nie aus...

Wenn die Erwartungen des Umfeldes zur Überforderung der körperlichen Leistungskapazität führen, wird die Aktion zum Stress. Das Betriebssystem Mensch kann nicht mehr mithalten. Es beginnt die Spirale der Selbstzerstörung. Der äußere Leistungsdruck bewirkt eine zunehmende Enge, die als äußerst bedrohlich empfunden wird. Der Chef, der seine Anforderungen jeden Tag höher schraubt, die Ehefrau, die alles hat, aber nie zufrieden ist, der „Label"-Wahn des pubertierenden Kindes, dessen Eltern sogar Nebenjobs annehmen lässt, um die stetig steigenden Ansprüche erfüllen zu können, sorgen zudem für eine kontinuierliche Abwärtsbewegung der Lebenskraft.

Wir alle kennen Beispiele der totalen Selbstaufgabe, wie die vom Sohn, der auf Vaters Wunsch Chirurg wird, obwohl er lieber Pianist werden wollte, die Tochter, die brav ihr Examen zur Krankenschwester mit Auszeichnung absolviert, doch heimlich davon träumt, eine Ballerina zu sein, oder der Sohn, der den Bauernhof seines Vaters übernehmen muss, weil es halt schon immer so war, jedoch den Lebenstraum, ein Komponist zu werden, in seinem Herzen verschließt, um ja nicht Vater und Mutter zu enttäuschen.

In meiner Tätigkeit im Klinikbereich sah ich Ärzte, Schwestern und Pfleger, die nach einem 36-Stunden-Dienst nur noch als Wrack in ihrem Notarztzimmer saßen, fernab von sich selbst und jeder Lebensfreude. In meiner Praxis erlebte ich Frauen, die über Jahre einen kompletten Haushalt mit drei Kindern, Ehemann und noch „nebenbei" einem Vollzeitjob absolvierten, bis sie nur noch als gefühllose Roboter ihr Leben vorbeilaufen sahen. Alle waren sie stets nett, aber selten wirklich glücklich.

Wo immer wir auch hinschauen in dieser Schule des Lebens, die geduckte Haltung des verunsicherten Kindes, das inzwischen erwachsen wurde, begegnet uns überall.

Vor allem dort, wo emotional verhungerte Menschen für Almosen der Anerkennung nach Liebe und Wertschätzung, oder einer Art von Pseudosicherheit, ihr Leben in die Hand anderer Menschen legen.

„Es gab Zeiten, da habe ich im blinden Vertrauen mein Leben und meinen Körper Menschen in die Hand gegeben, denen ich heute nicht einmal mein Fahrrad anvertrauen würde."
Gabrielle Roth – New York – Tanztherapeutin

Dem Zitat von Gabrielle Roth, kann ich absolut zustimmen. So beginnen nicht wenige im Verlauf ihres Lebens, ihren kostbaren, individuellen Persönlichkeitskern zum Wohlgefallen des Umfeldes vollkommen zu verrenken und ein „Chamäleon-Syndrom" zu entwickeln: „Ich tarne mich perfekt, und keiner sieht mich wirklich!"

Nichts ist einfacher als emotional bedürftige Wesen, die dieses Leben mit der ungestillten Hoffnung auf ein warmes Nest durchwandern, die Flügel der inneren Freiheit zu stutzen und, wenn nötig, auch zu brechen! Ausgrenzung bei „Schlechterfüllung" der genannten Forderung, Liebesentzug, geschickt platzierte Manipulation durch Scham- und Schuldgefühle sind sehr effiziente Techniken, um Menschen in ihrer Würde und Persönlichkeit zu beschämen.

Perfekt funktioniert hier die in vielen Firmen angebotene „anonyme Bewertung", wie sie auch gern im Internet zum Mobbing genutzt wird. Diese Form der „Qualitätskontrolle" ist ein absolut menschenfeindliches Werkzeug der Macht, was aus der Anonymität heraus willkürlich von Mitarbeitern, Studenten, Schülern, sowie Kunden als Be- und Verurteilungswaffe eingesetzt wird. Der anonymen Rufschädigung sind somit Tür und Tor geöffnet. Für mich der Ausdruck höchster, sozialer Inkompetenz.

Sei für mich da, aber komm mir nicht mit Gefühlen!

Gefühle zum Ausdruck zu bringen, birgt die Gefahr sich verletzbar zu machen und als Persönlichkeit gesehen zu werden. Sehr gut ist diese angstbesetzte Problematik in den zahlreichen „Bis-dass-der-Tod-euch-scheidet"-Dramen zu beobachten, wo nur noch lauwarme Gewöhnung vorhanden ist. Der einzige gemeinsame Nenner besteht oftmals nur noch aus den Kindern, der Versicherungspolice, dem Grundstück und der Hausnummer.

Wenn dann die Erfüllung von imaginären Pflichten und Erwartungen gar nicht mehr funktioniert, wird als letzte Konsequenz die „Waffe aller Waffen" eingesetzt: „Wenn du mich wirklich lieben würdest, dann würdest du...!" Topp, das sitzt immer! Dieses ausdrucksstarke Manipulationswerkzeug lässt im Nu alle Argumente einer gesunden Selbstbestimmung verpuffen. Und schon tanzt du ab, wie ein Bär auf der heißen Platte! Da wird so manche vollkommen erschöpfte Hausfrau, von jetzt auf gleich, zum sinnlichen Vollweib und leistet die geforderte, erotische Akrobatik. Der junge Familienvater mit drei Nebenjobs nimmt noch einen vierten an, um die materiellen Bedürfnisse seiner ebenso jungen Frau erfüllen zu können. Da lehnt der brave Sohn ein Top-Angebot im Ausland ab, um bei seiner allein erziehenden Mutter noch weitere 20 Jahre auszuhalten. Da trennt sich die frisch verliebte Tochter schweren Herzens von ihrem Geliebten, weil der Vater ihn nicht für standesgemäß hält.

Vervollständigen Sie selbst die Liste nach Belieben weiter!

Hier noch eine aktuelle Variante aus dem Berufsleben: „Wenn Sie wirklich hinter der Firma stehen würden, würden Sie, ohne zu zögern, 60 Stunden für den gleichen Lohn arbeiten!"

Patsch, auch das trifft! Dies sind verbale „Schach-Matt"-Züge, die in den unterschiedlichsten Bereichen des Lebens die perfekte Fremdbestimmung mit all ihren Anpassungsformen aktivieren!

Scham- und Schuldmechanismen werden so erfolgreich etabliert und öffnen die Falltür in die alltäglichen Dramen der privaten und beruflichen Diktatur. Denn verlassen werden oder gar aus dem „Rudel" ausgeschlossen sein, triggert die intensivste Urangst: Ich bin allein und einsam dem Leben ausgeliefert! Alles wird akzeptiert, aber bitte, verlass mich nicht! Der Deal ist: Ich verlasse dich nicht und du verlässt mich nicht! Das ist allerdings eine gefährliche Verstrickung, deren Taue mit der Zeit immer enger werden. Man findet diese Beschreibung auch unter dem Begriff: „emotionaler Erstickungstod"!

Noch einmal: Wenn die bohrende Sehnsucht nach Wertschätzung das gesamte Denken und Handeln eines Menschen bestimmt, bemüht er sich mit jedem Atemzug, die Anforderungen und Erwartungen des Umfeldes perfekt zu erfüllen. Eine äußerst anstrengende Lebensform, die auch ihre gesundheitlichen Spuren hinterlässt – und nebenbei ist sie der direkte Weg ins Burnout!

„Es ist gleichgültig, auf wie vielen Gebieten du schwach bist.
Es genügt, wenn du vollkommen stark auf einem bist!"
Paul La Cour

Das Streben nach Erfolg ist lobenswert, Perfektionismus dagegen ist latente Selbstzerstörung

Übertriebener Ehrgeiz, gekoppelt mit einer hoch angesetzten Erwartungshaltung gegenüber sich selbst und anderen, bildet den „Brandherd" im Unterbewusstsein des Betreffenden.

Der Preis des Erfolges ist vernichtend: Die ICH-Tötung auf Zeit! Eigene Werte und jegliche Form von Lebensfreude und Genuss werden „wegrationalisiert"! Was übrig bleibt, sind ausgebrannte, gefühllos funktionierende Roboter.

Roboter sind Befehlsempfänger ohne eigene Essenz! So manches System wartet bereits in den Startlöchern, um Sie in dieser Haltung der geistigen Neutralität willkommen zu heißen.

Bezeichnend ist zudem die Tatsache, dass ein Mensch, der den Kontakt zu sich selbst und die Freude am Leben verloren hat, das Bild einer gehetzten, ängstlichen und frustrierten Persönlichkeit zeigt. So sieht ihn die Welt! Wenig anziehend, oder?

Aber ein „gefundenes Fressen" für die „Retter" und „Kümmerer" dieser Welt, doch leider auch für jede Mobbing-Aktion!

80 Billionen Mitarbeiter im Alarmzustand

Die Folgen der ICH-Tötung im Betriebssystem Körper sind fatal. Laut des Zellbiologen *Prof. Dr. Bruce Lipton* haben Gedanke und Gefühl direkte Auswirkungen auf den gesamten Zellstoffwechsel. Auch die wissenschaftlichen Erkenntnisse der Neuropsychologie geben Hinweise auf die unmittelbaren Zusammenhänge. Das Gefühl, nicht zu genügen oder gar nur „zweite Ware" zu sein, frisst sich wie Salzsäure in jede einzelne, der 80 Billionen Zellen des Körpers. Auch *Dr. med. Bodo Kuklinski*, Facharzt für Innere Medizin, Umwelt- und Nährstoffmedizin, beschreibt in seinem Buch *„Mitochondrientherapie"* die verheerenden Auswirkungen eines chronischen Stresszustandes auf die Kraftwerke der Zellen, den Mitochondrien.

Im chronischen Dauerstress erleben die wichtigsten Mitarbeiter Ihres Systems im schlimmsten Fall eine tägliche Lawine von negativen Emotionen in Form von „bad news" des Zweifels und der Angst. Kein Wunder, irgendwann reagiert das Nervensystem! Der Betreffende empfindet eine schleichende innere Unruhe, zunehmende Nervosität und Schlafstörungen.

Das gesamte Schlafverhalten gleicht eher einem rotierenden Ventilator statt eines ruhenden Organismus. Wir dürfen nicht vergessen, dass Gehirn und Nervensystem Energie- und Vitalstoff-Großverbraucher sind und unter Stress einen besonders hohen und intensiven Stoffwechsel erzeugen.

Zum Glück arbeitet der größte Teil des Nervensystems automatisch und wird über Impulsreaktionen gesteuert. Nicht selten ist bei einigen Menschen das Autonome

Nervensystem das Einzige, was an Autonomie noch übrig geblieben ist.

Insgesamt besitzt unser geniales Informationsnetzwerk zwei übergeordnete Reglermechanismen, ähnlich wie ein Auto: Gaspedal (Sympathikus) und Bremse (Parasympathikus).

• Das Gaspedal wird aktiviert, wenn Beschleunigung erwünscht ist. Also, wenn es erforderlich ist, einer Gefahr auszuweichen, wie dem plötzlich auftauchenden Säbelzahntiger oder anderen Bedrohungen.

Der „Kampf- oder Flucht-Modus" ist der natürliche Überlebensreflex des Reptiliengehirns, dem Stammhirn. Es ist der älteste Teil des menschlichen Gehirns und hat sich für 500 Millionen Jahre im Laufe der Evolution entwickelt. Lebenswichtige Bereiche, wie Regulation der Atmung und des Herzschlags, werden von hier aus überwacht und gesteuert. Sinnvoller Weise reguliert es sich autonom und über die Impuls-Reaktions-Kette des zentralen Nervensystems und seiner zahlreichen Botenstoffe. Sobald eine lebensbedrohliche Situation auftaucht geht es in Aktion.

Die Folge:
- alle Systeme werden auf „Notfall" geschaltet,
- eine erhöhte Handlungsbereitschaft der Muskulatur ist erforderlich,
- Blut fließt statt in den Magen in die Muskulatur, um uns zu beschleunigen,
- Der Herzschlag (Drehzahl des Motors) erhöht sich.
- Der Körper aktiviert alle Notsysteme, über die
- Ausschüttung der Stresshormone, wie z.B. dem Adrenalin, Cortisol und andere Katecholamine.

Fatal ist, wenn diese „Alarm-Situation" ausgelöst wird, schalten auch die Zellen auf Notprogramm: Sie machen im wahrsten Sinne ihre „Schotten dicht", der Stoffwechsel wird gedrosselt, sie reduzieren Wachstums- und Reparatur- und Stoffwechselaktivitäten, sie verweigern im Stresszustand (wie auch der Magen) die Aufnahme von Nährstoffen, Sauerstoff und Mineralstoffen. Laut Prof. Dr. Bruce Lipton verursacht langfristig dieser Zustand ein toxisches Milieu innerhalb der Zelle, was gravierende Schäden nach sich zieht, bis hin zum Absterben der Zellen, dem Zelltod, der Apoptose.

Normalerweise schaltet ein gesunder Organismus, der sich in ausgewogener Balance befindet, nach einer überstandenen Situation ganz von allein wieder auf Erholung und Entschleunigung.

- Die „Bremsfunktion" wird aktiviert: Der Parasympathikus reduziert das Tempo, hilft uns, wieder durchzuschnaufen und zur Ruhe zu kommen. Im chronischen Dauerstress, der hauptsächlich mental ausgelöst wird, ist das leider nicht mehr möglich!

Der Impuls der imaginären Bedrohung bleibt per Gedankenkarussell Tag und Nacht konstant! Der Organismus kommt nicht mehr zur Ruhe. Die lebenswichtige Regeneration für Zelle, Organe und Systeme des Betriebssystems Mensch entfällt.

Die Signale der Notwendigkeit einer Veränderung werden immer deutlicher

Die größte Angst des Menschen ist die Angst vor Veränderung. Die gute Nachricht: Es ist gleichzeitig das Einzige, dessen wir absolut sicher sein können! Das Leben ist permanente Veränderung, Stagnation ist Tod. Solange ein Gewässer fließt, ist es erfüllt mit Leben (Panta rhei = alles fließt!). Ein Fluss, der nicht mehr fließen kann, stagniert, und alles in ihm stirbt ab. Entwicklung ist Leben, Festhalten und Stehenbleiben ist Tod. Und so mancher Mensch ist bereits tot, bevor er stirbt.

Ich beobachte um mich herum eine Gesellschaft, die „Frostbeulen" statt Liebe im Herzen trägt. Leistung steht vor Liebe und Anerkennung. Das ist die „ganz alltägliche Prostitution"!

Doch allein die Tatsache, dass es irgendwo in dieser Welt einen Menschen gibt, der sich über die bloße Existenz eines anderen Menschen freut, ohne dass dieser eine Leistung erbringen oder eine Erwartung erfüllen muss, lässt ein seelisch frierendes, menschliches ICH plötzlich gigantische Herausforderungen meistern.

„ICH bin ICH" und „Was ich bin, braucht keine Entschuldigung"!

Kapitel 5

Die Macht sei mit dir

„Die Macht sei mit dir" bedeutet nichts anderes, als die Kraft und Klarheit, eigene Entscheidungen aus der persönlichen Stärke heraus geltend zu machen. Der Abschiedsgruß eines Jedi-Ritters in den *Star Wars-Episoden* ist somit eine kraftvolle Aufforderung, die innewohnenden Potentiale abzurufen und zu nutzen. Der große Lehrmeister *Obi-Wan Kenobi* verabschiedet sich im Film von seinem Meisterschüler *Luke Skywalker* mit den Worten: *„Möge die Macht mit dir sein"*. Das bedeutet: Möge der angehende Jedi-Ritter Luke sich stets seiner gigantischen Fähigkeiten bewusst sein.

Ideal wäre es, wenn wir alle unserer wahren Stärke bewusst wären. Das hätte allerdings zur Folge, dass so manch „böses" Exemplar der menschlichen Existenzform ins Leere liefe.

Das Wissen um die eigene Kraft schenkt uns das Urvertrauen zurück, rechtzeitig notwendige Entscheidungen zu treffen, und diese konsequent umzusetzen. Ist dieser Zugang jedoch unter einem Berg von Ängsten, Selbstzweifeln, Abhängigkeit, Frustration und Ohnmacht verschüttet, sind wir nicht in der Lage, unser Leben frei und authentisch zu meistern. Wie bereits erwähnt, ist nicht selten das autonome Nervensystem, das Einzige an Autonomie, was diese verunsicherten Exemplare noch in sich tragen.

Von Selbstzweifeln zermürbt glauben sie tatsächlich, dass sie ein Spielball des Schicksals sind: Dem Leben ohne Macht, also ohnmächtig, ausgeliefert. Diese Form von geistiger Eintrübung öffnet die Falltür zu jeglicher Art von Fremdeinwirkung. Glaubensführer, Staatssysteme, Werbung, ganze Wirtschafts- und Industriezweige, einschließlich der vielfältigen Orakel- und Gesundheitsindustrie beherrschen die Techniken der Manipulationen exzellent. Sie alle kennen das Geheimnis der Macht: Informationen verwässern, Unklarheit schaffen, künstlich dumm halten, Panik und Angst verbreiten.

Bewusstsein ist Macht,
praktiziertes Bewusstsein ist angewandte Macht

Das wahre Geheimnis der Macht, ist das Bewusstsein sie zu haben!

Eines der sieben Geistesgifte im Buddhismus ist die Dummheit. In der Tat hat Buddha schon auf die Vorteile von Bildung, Präsenz, Intelligenz und geistiger Klarheit hingewiesen. Wissen ist Macht und sich entsprechendes Wissen anzueignen, ist in unserem Zeitalter der Medienvielfalt wahrlich kein Hexenwerk. Ein „Das wusste ich nicht" zählt somit zu den einfallslosesten Ausreden unserer Epoche. Dank vielfältiger Medien findet jeder, was er zur weiterführenden Information benötigt.

Insgesamt ist der Preis des sogenannten Fortschritts im Medienbereich sehr hoch. Nicht selten praktizieren wir ein Leben auf der Überholspur im „Multitasking Level" und sind auch noch stolz darauf. Das energetische Potential ist weitflächig verteilt, statt effizient fokussiert. Dynamisch, aber sinnlos zerstreuen wir unsere Vital-Kraft in unterschiedliche Richtungen und wundern uns, dass wir abends erschöpft im Sessel abhängen.

Stets erreichbar und doch „voll verpeilt" rotieren wir durch den Alltag und wissen oft nicht, was wir zuerst machen sollen. Tausende von Störfrequenzen schieben eine imaginäre Nebelwand zwischen uns und unsere kognitiven Fähigkeiten. Die gesamte Palette der Wahrnehmungen, Richtungsweisenden Impulsen und der Intuition werden kaum registriert, und Gefühle sicherheitshalber „wegrationalisiert". So bekommt manches Exemplar gar nicht mehr mit, in welchen Bahnen sein Leben verläuft. Ins tägliche Chaos verstrickt, merken sie nicht einmal, wie weit sie bereits von sich selbst entfernt sind. Sie geraten schier in Panik, wenn ein Tag ruhig verläuft. Nur das Vibrieren ihres Handys holt sie immer wieder ins gewohnte Chaos zurück. YouTube dient heute Millionen von Jugendlichen als Orientierungshilfe. Sie finden keine adäquaten Vorbilder mehr in der Welt der Erwachsenen.

Allgemein geht die Grundkonditionierung so weit, dass fast ausschließlich nur noch über „Befehlsempfang" Aktionen ausgeführt werden. Privat wie beruflich funktioniert der Mensch wie ein Roboter, auf das gesprochene, bzw. geschriebene Wort. Egal, ob das Wort aus dem Handy, dem Fernseher, aus der Zeitung, vom Onkel Doktor, der Pharmaindustrie, vom Guru, Glaubensführer, Staat, vom Partner, von Mama, Papa oder sonstigen „Vorgesetzten" kommt. Sie folgen den Regeln und den Gedanken anderer, weil ihre Individualität, inklusive ihrer persönlichen Werte von einer Welle der Stumpfsinnigkeit fortgespült wurde. Die eigenen Bedürfnisse sind auf ein Minimum geschrumpft und somit kaum wahrnehmbar. Lediglich ein diffuser Nebel von Leben umgibt sie noch.

Welch fatale Auswirkungen dies nach sich zieht, wird ausführlich in dem Bestseller von *Thomas Wieczoreck* beschrieben: *„Die verblödete Republik"* – sehr zu empfehlen!

Aber was kann ich denn schon tun?

Zunächst ist es wichtig, einen kleinen Test zu wagen. Fragen Sie sich doch einfach mal hin und wieder still in Ihrem Inneren:

1. Wie geht es mir mit meinem Leben?

2. Habe ich überhaupt eines?

3. Wie viel Leben von meinem Leben gehört mir noch?

Der erste Schritt der Veränderung ist Bewusstsein. Erst, wenn wir verstehen, was nicht mehr funktioniert, kann der Impuls einer notwendigen Optimierung überhaupt erst entstehen.

„Eigentlich bin ich ganz anders, nur komm ich so selten dazu!"
Ödön von Horvath, Österreichischer Dramatiker (1901-1938)

Das Drehbuch des Lebens schreiben wir selbst

Oh je, das hört sich aber sehr nach Selbstverantwortung an. Richtig, das ist es auch! Nur ein selbstverantwortliches Leben ist ein eigenes. Einige Gemüter werden sich jetzt aufbäumen wie ein wilder Hengst. Das verstehe ich gut. Schließlich gehört die Aussage: „Ich hatte eben eine schwere Kindheit" zu einer der meist genutzten Ausreden für das Unvermögen, das Leben selbst und autonom zu meistern.

Sie hatten vielleicht eine schwere Kindheit. Aber indem Sie überlebten, haben Sie - ganz nebenbei - eine großartige Leistung vollbracht: Sie haben tatsächlich, trotz allem „überlebt". Sie haben Ihre Kindheit überlebt! Ist das nicht großartig?

Wie viel allerdings von Ihrer ursprünglichen Persönlichkeit noch übrig geblieben ist, sagt Ihnen Ihre aktuelle Lebenssituation. Wie oben bereits beschrieben, ist die Kindheit nicht selten eine der größten Herausforderungen. Wir können jetzt unsere Lebensgeschichte als Dauerausrede benutzen, ein Seminar nach dem anderen belegen, uns einen imaginären „Papa" oder eine „Mama" suchen, die uns weiterhin sagen, was wir tun und lassen sollen. Die Welt ist voll von selbsternannten Obercheckern, die sich freuen, mit Rat und Tat zur Seite zu stehen. Gurus, diverse Lehrer oder Religionsführer helfen gern dabei, das eigene Leben bestmöglich zu vermeiden.

Weit sinnvoller ist es jedoch, aufzustehen, den aufrechten Gang zu praktizieren, das „Drama des Karmas" endlich abzuschütteln und das Leben selber zu gestalten. Aber Vorsicht: Das ist nicht immer „Pony-Hof"!

Jetzt kommt aber mal eine gute Nachricht: Nirgendwo steht geschrieben: „Du bist verpflichtet, um jeden Preis das Leben deiner Eltern und Vorfahren zu praktizieren"! Aber selbstverständlich dürfen Sie es natürlich, wenn Sie möchten! Diese Entscheidung treffen Sie!

Es steht Ihnen frei, getreu der familiären Tradition die gleichen begrenzenden Gedanken mit den dazugehörigen Verhaltens-, Lebens- und Ernährungsweisen zu praktizieren.

Die Ergebnisse auf der Körper-Geist-Seelen-Ebene werden sich jedoch kaum von denen Ihres Clans unterscheiden. Denn: Was wir sind und tun, spiegelt unser Leben direkt und unmittelbar. Sie sind das Produkt Ihrer Gedanken und Ihres Verhaltens.

Sie haben die Wahl zwischen einem Leben als „Marionette", fremdbestimmt und automatisiert, auf Autopilot geschaltet, oder einem Leben der persönlichen Freiheit, authentisch, wahrhaftig und sehr lebendig. In der Kraft der persönlichen Präsenz und eines klaren Bewusstseins leben Sie als „ent-automatisiertes ICH" mit der Fähigkeit, gesunde Grenzen zu setzen.

Das wird allerdings nicht unbedingt Ihrem Umfeld gefallen. Sie sind eventuell nicht mehr so „nett" und „allzeit bereit" wie sonst. Wenn Sie beginnen, Ihre innere Festplatte von Fremdbestimmungen zu reinigen, werden Sie sicherlich nebenbei einige der bisherigen Gedanken- und Verhaltensformen in Frage stellen.

Aktivieren der PFE – Persönliche Funktionseinheit

Wenn wir lernen, unsere Persönliche Funktionseinheit (PFE) jeden Tag zu reinigen und zu optimieren, kehren wir zurück in die naturgegebene Autorität, die jeder von uns in sich trägt.

„Mit unserem Geist ist es wie mit einem Fallschirm:
Er ist nur von Nutzen, wenn er sich entfalten kann!"

J.W.v. Goethe

Die PFE umfasst:

● **Hardware:** die Körper-Ebene als Ort der ausführenden Handlung. Wir erleben konkret die ganze Bandbreite der Gefühle, die bis in jede Zelle des Körpers wirken. Zudem arbeiten die 75-80 Billionen Mitarbeiter rund um die Uhr für Sie und benötigen, um ihre Aufgaben auszuführen, Ihre Zuwendung in Form von guter Ernährung, Bewegung und Wohlgefühl!

● **Software:** die Mental-Ebene als Ort der Prägungen, Konditionierungen, Gedanken, Überzeugungen und Reaktionsmustern mit allen hemmenden und blockierenden Anteilen sowie destruktiven Glaubensformen, deren Auswirkungen ebenfalls jede einzelne Zelle tangieren.

● **Betriebssystem:** die Seelen-Ebene: Eine Welt des Fühlens, Ort der Individualität, der eigenen Werte und der höchsten Potentiale.

Schreiben Sie das Drehbuch um

Um ein wirklich gutes Drehbuch Ihres Lebens neu zu schreiben, ist es ohne Zweifel von Vorteil, zu wissen, welche Rolle Sie bisher spielten. Natürlich mehr oder weniger bewusst oder unbewusst. Die Rollen-Spiele unseres Lebens verschaffen uns auch so manche Vorteile, doch wie hoch ist der Preis?

"Games People Play" – die Spiele der Leute

Einige großartige Musiker der 80er Jahre haben ihre Sicht vom „Spiel der Leute" in ihren Texten verarbeitet. Darin taucht immer wieder die Frage auf: „Welches Spiel hast du bisher gespielt, und welches Spiel spielst du jetzt?" Siehe auch im Song von ABBA: „what´s the name of the game"?

Eric Berne schrieb 1964 den Bestseller *„Games People Play"* – deutscher Titel: *„Spiele der Erwachsenen"*. Dieses Buch ist bis heute ein Kultbuch und gehört zur Pflichtlektüre jedes verantwortlichen Therapeuten und Coaches. Es ist absolut spannend, die eigenen Spiele schwarz auf weiß in einem Buch wiederzufinden! Sehr empfehlenswert!

Jedes „Spiel", jedes Erlebnis entlang der Lebenslinie, hinterlässt eine Prägung in unserer mentalen wie auch seelischen Software. Manches ist förderlich und manches blockiert durch „emotionales Narbengewebe" weiterhin Ihr Leben.

Sicherlich haben Sie schon einmal etwas von „Narbenstörfeldern" gehört. Ein Thema aus der Traditionellen Chinesischen Medizin wie auch aus der Neuraltherapie. Durch eine Verletzung entsteht eine Narbe. Das Gewebe bleibt empfindlich, und der energetische Informationsfluss ist blockiert. Durch entsprechende Akupunktur oder Injektion kann man die Narbe wieder in den körperlichen Informationsfluss integrieren. Dazu ist es jedoch notwendig, sie zu lokalisieren und anzuschauen.

Genau das machen wir mit Ereignissen, die heute noch emotional spürbar sind. Es führt kein Weg daran vorbei. Für ein wirklich freies und erfolgreiches Leben ist es unabänderlich, die persönliche mentale wie auch emotionale Festplatte auf ihre Effizienz hin zu überprüfen!

Wie geht das?

Die autobiografische Entdeckungsreise

Ganz einfach: Wir begeben uns anhand einer persönlichen Zeitspur auf eine autobiographische Entdeckungsreise. Es ist eines der wichtigsten „Werkzeuge", um imaginäre Viren, Trojaner und emotionales Narbengewebe unseres Geistes zu entlarven!

Was hat das für einen Sinn?

Das Anfertigen der persönlichen Zeitspur/Timeline ermöglicht:

- Eine klare Betrachtung des bisherigen Lebens
- Erkennen von Prägungen und dem daraus resultierenden Reaktionsverhalten
- Erkennen von „roten Fäden", d.h. sich wiederholenden Ereignissen und deren Rhythmen
- Resultat: Verborgene und verdrängte Talente, Fähigkeiten, Potentiale, Lebensträume und Visionen werden wieder wachgerufen

Insgesamt geht es darum, zu erkennen:

- Welche Muster wiederhole ich ständig bis zum heutigen Tag?
- Warum ziehe ich immer die gleiche Art von Menschen an?
- Ist das, was ich bisher lebte, wirklich mein Leben?
- Welche Rolle habe ich bisher in meinem Leben gespielt?
- Hat mich diese Rolle glücklich gemacht?
- Was will ich wirklich?

Eine kleine Anmerkung: In meinen Kursen erlebe ich an dieser Stelle immer wieder den Aufschrei von Fachleuten, die im Bereich der psychologischen Arbeit unterwegs sind. Ihre kritischen Argumente beziehen sich darauf, dass bei der Anfertigung einer autobiografischen Lebenslinie die Gefahr besteht, dass der Betreffende sich an traumatische Ereignisse erinnert.

Ja, richtig, das kann allerdings passieren. Doch bedenken Sie, was passiert, wenn zufällig das Foto des Ex-Partners in einer Schublade wiedergefunden wird? Oder Sie blättern in einem alten Familienalbum und begegnen per Foto, dem Albtraum Ihrer Kindheit. Oder zufällig zieht der Duft eines Rasierwassers des ehemaligen Peinigers in einer Menschenmenge an Ihrer Nase vorbei. Solche „Zufälle" des Lebens können dann in der Tat zur „Rocky-Horror-Picture-Show" werden.

Da hilft dann nur eins: Durchatmen und erkennen, dass der jetzige Augenblick ein anderer ist! Die Vergangenheit ist dort, wo sie hingehört, nämlich in der Vergangenheit. Also nicht mehr Hier!!!

Kommen solche „Vergangenheitsmomente" in die Gegenwart, nenne ich sie „emotionales Arbeitsmaterial". Anschauen, erkennen und verändern. Mit kompetenter, fachlicher Unterstützung geht es natürlich um ein vielfaches leichter.

Zusammenfassend an dieser Stelle der Hinweis an die Fachleute: Die individuelle Assoziationskette kann überall und stets ausgelöst werden, davor ist keiner sicher! Und das ist gut so, wie sollen wir uns sonst von den Themen verabschieden?

All die „Exen", wie Ex-Partner, Ex-Vermieter, Ex-Banker, Ex-Lehrer, Eltern, Geschwister u.a. haben letztlich dazu beigetragen, dass Sie sind, wie Sie sind und das Leben führen, welches Sie heute leben. Und jede Erfahrung war wichtig, auch die, die Sie am liebsten nicht gemacht hätten!

Die praktische Anwendung der biografischen Entdeckungsreise

Kommen wir zur Praxis:

1. Nehmen Sie einen Schulzeichenblock zur Hand, vorzugsweise DIN A3. Zur Erleichterung der Übersicht für die spätere Arbeit ist es von Vorteil, das Blatt hochkant zu nehmen.

2. Bitte teilen Sie das Blatt durch einen *senkrechten Strich* in zwei Hälften. Im oberen Bereich, circa 3-4 cm vom oberen Rand entfernt, ziehen Sie einen *Querstrich*. Es sieht jetzt grafisch aus wie ein großes **T**.

3. Über dem Querstrich schreiben Sie eine Bezeichnung, die für Sie stimmig ist, z.B. „meine Lebenslinie" oder „Timeline", „Zeitspur" oder einfach „Bestandsaufnahme meines Lebens". Es ist eine sehr intime, stille Arbeit und verdient den Titel, den Sie ihr geben möchten.

4. In die linke Spalte, direkt oben an den Rand, schreiben Sie Ihr *Geburtsjahr als Start* Ihrer Lebenslinie. Darunter dann *chronologisch* die Ereignisse, die Ihnen *heute noch* emotionale *Schmerzen* bereiten. Davor setzen Sie jeweils die Jahreszahl. Sie hilft Ihnen zu erkennen, in welchem Lebensabschnitt die Situation geschah. Bitte notieren Sie die Ereignisse nur in Stichworten!

5. Die Kurzerfassung fokussiert und unterstützt Sie, keine Drama-Inszenierung zu starten, sondern lediglich eine Bestandsaufnahme von Ereignissen zusammenzustellen. Mehr bitte nicht! Bleiben Sie trotz allem im JETZT!

6. Direkt gegenüber, in der rechten Spalte beschreiben Sie die entsprechende *Emotion*, das Gefühl, das damals vorhanden war, und was Sie *heute noch deutlich wahrnehmen*. Achten Sie auch darauf, welche *Überzeugungen oder Gedanken* damals wie heute mit dem Vorfall verbunden sind. Ist die Qualität des Gefühls für Sie deutlich spürbar, dann spricht die Psychosomatik von „emotionalem Narbengewebe". Das heißt, Sie reagieren immer noch auf die gleichen auslösenden Impulse.

Mein Tipp: Gehen Sie erst einmal in Gedanken Ihre Lebenslinie ab und notieren Sie links chronologisch und in kurzen Stichworten das Geschehene. Ist eine Emotion wahrnehmbar, schreiben Sie diese direkt in gleicher Höhe in die rechte Spalte.

Hilfreiche Reflexionsfragen:

Erst, wenn alles chronologisch erfasst ist, gehen Sie Ihre Auflistung in Ruhe durch und stellen sich folgende Fragen:

1. Gibt es Ereignisse, die sich ständig wiederholen? (roter Faden – rote Markierung)!

2. Gibt es Wendepunkte in meinem Leben? Nahm mein Leben dadurch einen neuen Verlauf? (grüne Markierung)!

3. Gibt es Situationen, bei denen der Wille eines anderen mein Leben beherrschte?

4. Beeinflussen dies heute noch meine Sichtweise und meine Entscheidungen?!!!

5. Trage ich auf Grund dessen eine Überzeugung in mir?

6. Wann und wodurch erlebe ich meine persönliche Hochform?

7. Was empfinde ich tief in mir als persönliche Niederlage?

8. Gibt es etwas, was ich mir oder anderen bis heute nicht verzeihen kann?

9. Welche Bedürfnisse und Sehnsüchte habe ich bis heute nicht gelebt?

Eine Rückschau, die sich lohnt

Diese autobiografische Entdeckungsreise ist eine spannende Reise, die Sie jederzeit anschauen und erweitern können! Sie hält so manches „Aha-Erlebnis" für Sie bereit, und ist kein Gesellschaftsspiel! Im stillen Kämmerlein ist diese Technik eine sehr intime und persönliche Lebensinventur.

Indem diese Reflexionsarbeit in einer sehr einfachen, grafischen Form angefertigt wird, und die unterschiedlichen Situationen nur kurz chronologisch aufgelistet sind, kommt es nicht einer Biografie gleich.

Warum ist dies alles erforderlich?

Jeder Gedanke, jedes Erleben hinterlässt eine Spur im gesamten Betriebssystem Mensch, und zwar auf allen drei Ebenen Körper-Geist-Seele. Jeder Ihrer Billionen Mitarbeiter wird von der Qualität Ihres Erlebens tangiert. Gedanken und Gefühle nehmen permanent und unmittelbar Einfluss auf die Befindlichkeit Ihrer Zellen bis ins kleinste atomare Teilchen. Allein die unentwegt für Sie schaffenden Gehirnzellen reagieren beim geringsten Signal. Jedwede bewusste oder unbewusste Botschaft wird bewertet und verarbeitet.

Der Mensch lernt durch das „Leid/Lust-Prinzip". Das bedeutet, allem, was weh tut oder einmal einen Schmerz, seelisch oder körperlich, erzeugt hat, dem gehen wir instinktiv bestmöglich aus dem Weg. Durch diese Schmerz-vermeidungs-Strategie entwickeln wir ein sogenanntes *emotionales Immunsystem*. Wir vermeiden tunlichst alles, was uns in irgendeiner Weise mal verletzt, gedemütigt oder entwürdigt hat. Es sind nicht selten tiefste Seelenschmerzen.

Die Vermeidung ist aber leider noch nicht alles. Im Moment des Erlebens erfolgt eine innere Kettenreaktion: Die gesamte Aufmerksamkeit wird absorbiert. Das dabei auftretende Gefühl erzeugt einen Gedanken in Form einer Überzeugung, wie: „Das tut mir keiner mehr an!", oder: „Alle Frauen/ Männer/ Mädchen/ Jungs/ Lehrer etc. sind so oder so." Aus dieser Überzeugung resultiert immer ein nachfolgendes Verhalten. Mit der Zeit entsteht ein ganzes Repertoire persönlicher, unbewusster Lebensgesetze, mit all ihren Regeln und Konzepten. Die Spätfolgen sind wiederkehrende Reaktionsmuster, Verhaltensweisen und Bestätigungen in Form von „Selbst-erfüllenden-Prophezeiungen".

Begleitet von entsprechenden Überzeugungen, wie: „Habe ich doch gleich gewusst, dass ich die Prüfung nicht schaffe!", oder: „Habe ich mir schon gedacht, dass dieser Mensch nichts taugt.", erschaffen Sie sich Ihr eigenes, imaginäres „Gesetzbuch". Ganz im Sinne von *John Wayne*: *„Das Gesetz bin ich!"*, bzw.: „Weil es bisher so war, wird es immer so sein!"

Unter dem Fachbegriff „Belief-System" wird dieses Phänomen mit all seinen weitgreifenden Folgen in zahlreichen Büchern ausführlich beschrieben. Es ist die Arbeit mit Glaubensmustern und ihren Überzeugungen.

Die bekanntesten Größen, die sich mit diesem Thema seit Jahrzehnten befassen, sind *Dr. Milton H. Erickson*, Psychiater, Psychologe und Psychotherapeut, oder die Väter des NLP (Neuro-Linguistische-Programmierung) und Sprachwissenschaftler *John Grinder*, *Richard Bandler* und *Robert Dilts*.

Ohne diese Meister der klaren Sprache und Schulung der bewussten Wahrnehmung hätte ich meinen Weg zurück zu mir nicht gefunden. Für mich war diese Entdeckungsreise ein innerer „Quantensprung" in mein eigenes Leben. Schritt für Schritt erkannte ich durch diese Selbstreflexion, wie sehr ich das Leben anderer lebte. Die ersten dreißig Jahre meines Lebens lebte ich die Rolle, die andere für mich vorsahen. Wie ein Chamäleon passte ich mich den jeweiligen Anforderungen meines Umfeldes an. Ich beherrschte die Fähigkeit der Wandlung mit perfekter Identifikation meiner erlernten Rollen bis zur totalen Selbstverleugnung.

Kapitel 6

Da ist sie schon, die Identifikation

Was ist eine Identifikation?

Sicherlich haben Sie schon einmal einen Film angeschaut oder ein Buch gelesen, in dem Sie, ohne es zu merken, vor lauter Faszination in die Rolle einer Darstellerfigur geschlüpft sind. Plötzlich waren Sie der Filmheld, die Prinzessin, der Krieger oder das Opfer. Sie empfanden die Freude, das Leid, die Lust, die Verzweiflung, die Panik, den Kummer, und das ein oder andere versteckte Tränchen bahnte sich den Weg in Ihre Realität.

Dann befanden Sie sich plötzlich als „Jack" oder „Rose" an der Reling der TITANIC oder genossen als „Pretty Woman" das Märchen der geretteten Prinzessin. Das ist ok, und macht in einem gewissen Rahmen auch Spaß. Zum Problem werden Identifikationen allerdings, wenn sie zum Dauerzustand und nicht mehr wahrgenommen werden. So wartet so mache, inzwischen in die Jahre gekommene Prinzessin, immer noch auf den Typen mit dem weißen Pferd, der sie vor der bösen Welt der Selbstverantwortung schützt und Ihr das Leben rettet. Der Preis ist allerdings recht hoch!

Interessant ist auch die Beobachtung, dass sich nach einer Formel-1-Übertragung die Anzahl der Autofahrer schlagartig erhöht, die als Pseudo-Schumi, -Vettel, -Hamilton, -Rossberg und Co fühlen, und in deren Rollen schlüpfen. So manche Autobahn wird plötzlich zur offenen Abteilung der geschlossenen Psychiatrie!

Wirklich gefährlich ist die Entwicklung von zahlreichen Pseudo-Rambos, die sich in politischen oder religiösen Gemeinschaften zusammenfinden, komplett testosterongesteuert sich für die absoluten Checker halten und total gestört, unschuldige Menschen in den Tod reißen. Hier kommt in brutalster Form die Identifikation der Wahnvorstellungen ihrer Fantasie zum Ausdruck! Leider bestimmen sie inzwischen Krieg oder Frieden in dieser Welt

Wie geraten Menschen in solche Identifikationsrollen?

Sie sind auf der Suche nach irgendetwas, was auch nur annähernd ein Gefühl von innerem Halt, Wertschätzung oder Heimat in Form von Gemeinschaft gibt. Ein imaginärer Sog zieht solch instabile Exemplare in seinen Bann. Die gesamte innere und äußere Aufmerksamkeit, körperlich wie emotional, wird regelrecht absorbiert. Ehe Sie sich versehen, sind Sie mit all Ihren Anteilen in die Rolle Ihres Idols, Ihrer Illusion gerutscht. Sie identifizieren sich komplett mit deren Ideologie und dem Glaubensmodell mit all den verheerenden Folgen. Sie sind in einem Nebel der Selbsttäuschung gefangen. Idole und Illusionen sind gefährliche Trugbilder, sie zeigen sich makellos und fehlerfrei!

Eine dauerhafte Identifikation mit Trugbildern führt unweigerlich zur Selbstblockierung. Charaktere, Werte und Lebensformen anderer Menschen bestimmen fortan Ihre Wahrnehmung, Reaktion und Handlung. Die eigene Persönlichkeit wird vollkommen vom Inhalt einer Situation absorbiert und so zum aktiven Beteiligten des Dramas.

Beobachten Sie sich einfach einmal, wie Sie reagieren, wenn die eine oder andere Katastrophen-Nachricht aus dem Fernseher oder Radio Sie erreicht. Vielleicht fuhren Sie gerade noch fröhlich und beschwingt auf der Autobahn Ihrem Ziel entgegen, bis Ihre gute Laune vom Nachrichtensprecher mit seinen Katastrophenmeldungen ausgelöscht wurde. Oder Sie lesen zu Hause entspannt ein Buch, bis das Klingeln des Telefons Sie aus Ihrer gemütlichen Buchwelt reißt. Die liebe Freundin will Ihnen nur kurz mal ihr trauriges Herz ausschütten. Das war's dann mit dem entspannten Feierabend!

Eine relativ harmlose Form der Identifikationen erleben Erwachsene und Kinder aber auch im Bereich der Märchen oder Filmhelden. So können wir durchaus auch ganze Wasserfälle weinen, wenn Free Willi endlich den Sprung in die Freiheit schafft, Nemo gefunden wird, und die Helden von ICE AGE die Gewinner sind.

Solange Sie bewusst mitbekommen, wann Sie in eine fremde Rolle schlüpfen oder spüren, was zu Ihnen gehört und was nicht, besteht keine Gefahr. Doch leider ist die Geiseseintrübung als Dauerzustand weit verbreitet. So haben forensische Untersuchungen ergeben, dass die Vorlage für so manches Verbrechensdelikt über Computer-Spiele geliefert wird.

Zusammenfassend lässt sich erkennen: Je mehr wir von uns selbst entfernt sind, desto mehr ist unsere Wahrnehmung getrübt. Beim kleinsten Hilferuf springen wir als „Retter der Welt und aller Hilflosen und Geächteten" in unsere „Robin-Hood-Rolle", werden zur allzeit bereiten „Übermutter", zu ständig verfügbaren Großeltern und natürlich auch zum Retter unserer Firma!

Als Retter in der Not oder selbstloser Helfer in Erscheinung zu treten, gibt uns ein Gefühl des Gebrauchtwerdens und lässt uns in manchen Fällen über uns hinauswachsen. Das ist total in Ordnung, solange wir wieder zu uns selbst nach Hause finden. Nachbarschaftshilfe und Hilfsbereitschaft sind ein Ehrenkodex, ja, aber bitte nicht um jeden Preis!

Ein aus dieser Retter-Haltung entstehendes Problem ist das Unvermögen der Abgrenzung. Gesunde Grenzen zu setzen, besonders im familiären Bereich, gehört zu den größten Herausforderungen. Es erfordert Mut, Disziplin und Konsequenz.

Je mehr unsere eigene Wahrnehmung überlagert ist von Fremdinformationen, z.B. durch Personen, Medien wie Fernsehen, Werbung, Computer, PC-Spiele, Social Media und ihre Plattformen, Handy etc., laufen wir immer Gefahr, alles zu sein, nur nicht wir selbst! Gerade im Mediendschungel verlieren besonders junge Menschen komplett ihre Individualität und identifizieren sich mit der von Medien gezüchteten Parallelwelt.

Digitale Demenz ist der Fachausdruck für diese Form des Abdriften in die virtuose Welt, was nicht selten irgendwann zu einer Bruchlandung führt.

Bin ich das wirklich?

Eine sehr gefährliche Steigerung der Identifikation ist das Übernehmen von ganzen Persönlichkeitsanteilen einer anderen Person, im festen Glauben, das Sie es selber sind. Wie kann das passieren? Geboren werden wir, wie oben bereits erwähnt, als individuelle Wesen, und dann kommt der gesellschaftskompatible Umformungsprozess, den wir dann Erziehung nennen.

Kinder übernehmen zunächst die Verhaltens- und Lebensformen ihres Umfeldes. Bekommen sie jedoch den entsprechenden Wachstumsfreiraum und sind innerlich stark genug, beginnen sie, schrittweise ihre eigene Persönlichkeit zu entwickeln.

Ist das nicht der Fall, entstehen menschliche Rollendarsteller, die den Vorstellungen der Erziehungspersonen entsprechen. So ist z.B. eine Firma in der 5. Generation im Familienbesitz und so soll es auch weitergehen. Dumm nur, das der Spross der 6. Generation keine Ambitionen auf dieses Unternehmen zeigt. Oder, der Friseursalon wurde liebevoll von Frau Mutter über Jahrzehnte aufgebaut und auf drei Filialen erweitert, aber Frau Tochter möchte lieber Schauspielerin werden.

Um des lieben Friedens willen wird sodann Sprössling der 6. Generation die Firma übernehmen, und Frau Tochter wird mit viel Frust im Bauch ihre Friseur-Meisterprüfung ablegen. Resultat: Games People Play, das Rollenspiel der Selbstverleugnung nimmt seinen Lauf!

Und was ist Ihre Lieblingsrolle?

Schauen Sie doch jetzt noch einmal auf Ihre vorher angefertigte *autobiografische Lebenslinie:*

1. Entdecken Sie Ihre Rollen?

2. Was ist Ihre Lieblingsrolle? Mit welcher Rolle haben Sie sich absolut identifiziert?

3. In welcher Rolle lieben die Menschen Ihres Umfeldes Sie am meisten?

4. Fühlen Sie sich gut in dieser Rolle?

5. Welchen Gewinn bringt Ihnen Ihr Spiel?

Fazit:
Energie folgt der Aufmerksamkeit,
Aufmerksamkeit folgt der Erwartung,
die Erwartung entsteht aus der Überzeugung
und dem Glauben,
dass Dinge so geschehen,
wie es bisher immer war.

Spätestens jetzt erkennen Sie, dass dieses Buch Ihnen keine Antworten liefert, sondern Fragen stellt. Die Antworten geben Sie sich selbst und damit die Richtung Ihrer Veränderung.

Wir sind die personifizierte Reflexion der Gedanken,
denen wir bis jetzt Glauben geschenkt haben!
Maria Magdalena Bäcker

Kapitel 7
Einfach machen...

Es gibt kein Lebewesen in dieser Welt, das sich selber so sehr sabotiert wie der Mensch, die „Krönung der Schöpfung" höchstpersönlich! Kündigt sich ein Bedarf an Lebens-Optimierung an, in Form von Herausforderungen unterschiedlicher Art, beginnen wir uns zu winden wie ein Aal. Die Veränderung einer bestehenden Situation ist für einige Menschen gleichbedeutend mit der Besteigung des K2 im Himalaja, also äußerst schwierig bis unmöglich. Die alte Komfortzone zu verlassen, ist eine der größten Herausforderungen, denen wir uns stellen dürfen. Das ist nur etwas für Mutige! „Einfach machen..." hört sich leicht an, ist es auch, funktioniert aber erst, wenn der Leidensdruck hoch genug ist. Nur dann, wenn es richtig „Aua!" macht, wagen wir den alles entscheidenden Schritt in eine neue Richtung. Aber auch erst dann. Leider erwächst ausschließlich aus dem Leid der entsprechende Veränderungsimpuls. Die dazugehörige Lust und Freude, das Drehbuch des Lebens neu zu schreiben und auch die Rollen evtl. neu zu besetzen, entstehen schrittweise. Sperren wir uns jeglichem Wachstumsprozess, dann ist es so, als wollten wir lebenslang in der 5. Klasse sitzen bleiben. Irgendwann umgibt uns dann die große, graue Wolke der Resignation und Gleichgültigkeit.

Wer blockiert den Prozess?

In den Kapiteln zuvor, nahmen Sie mit Hilfe der autobiografischen Entdeckungsreise einen tieferen Einblick in die unterschiedlichen Charaktere und deren Verhaltensmuster. Tatsächlich ist zunächst die Vielfalt der alltäglichen Rollenspiele für einige Menschen überraschend. Es ist eine trügerische Illusion zu glauben, dass wir all die Einflüsse unserer unbewussten Anteile und deren Reaktionsmuster stets unter Kontrolle haben. Doch genau dieses unkontrollierte Eingreifen der unterschiedlichen inneren Aspekte blockiert Ihre Handlungskompetenz. Ein „Einfach machen…" ist kaum möglich, wenn Gedanken der Angst mit all ihren Horrorszenarien Ihren klaren Geist in Besitz genommen haben.

Die schrecklichsten Drehbücher für die Dramen dieser Welt entstehen in den Köpfen der Menschen. Mit diesem selbstgestrickten „Mind Fuck" blockieren Sie Ihr Leben. Wie „Trojaner" beginnen diese destruktiven Überzeugungen im Hintergrund ihre eigenen Programme zu starten und Ihr Denken zu bestimmen.

Dr. Petra Bock beschreibt diese Formen der Selbstsabotage sehr anschaulich in ihrem Buch „ *Mind Fuck*"!

Was können wir tun?

Genau dass, was wir auch mit einem infizierten PC machen würden: Entlarven, Erkennen und Verändern sind die Zauberworte. Mit der Technik der autobiografischen Enddeckungsreise haben Sie bereits mit den mentalen Aufräumungsarbeiten begonnen. So vielfältig die Palette der Gefühle, so vielfältig sind auch die Überlebensstrategien, mit denen Sie bisher Ihre Existenz meisterten. Gefühle an sich, sind weder gut noch schlecht, sondern sie sind, was sie sind: energetische Schwingungsfrequenzen, die uns ähnlich wie ein Navigationssystem rechtzeitig signalisieren, ob wir noch auf dem richtigen Weg sind. Gut oder schlecht werden sie erst durch die Deklaration der Bewertung, die wiederum aus den Erfahrungswerten der eigenen Biografie stammen. Insgesamt verkörpern Emotionen „Energie in Bewegung". Im englischen Sprachausdruck wird das sehr deutlich: E-motion = Energie-Bewegung. Sie sind nichts anderes als der natürliche Ausdruck eines Erlebens. Das Erleben selbst ist jedoch, wie gesagt, sehr individuell und immer eine Reflexion Ihrer bisherigen Erfahrungen.

Sind Ihre bisherigen Erfahrungen geprägt von Erfolg und Erfüllung, so verfügen Sie über ein hohes Maß an Selbstwert und sind damit mit dem Vertrauen in die *Selbstwirksamkeit* verbunden.

Das bedeutet, Ihr Verhalten wird getragen von dem Wissen, aus sich selbst heraus wirken zu können. Das ist die unbesiegbare Kraft einer bewussten Kompetenz. Ihre naturgegebene Autonomie ist die Macht, mit der Sie die Entscheidungen Ihres Lebens eigenständig treffen. Die eigentliche Macht jedoch, ist das Bewusstsein, sie zu haben und über sie zu verfügen.

Diese unbezwingbare Stärke verleiht Ihnen die Kraft der klaren Handlung. Sie folgen vertrauensvoll dem inneren Impuls, Sie „machen einfach" aus dem Vertrauen heraus, dass eine Optimierung oder Korrektur jederzeit möglich ist. Also los!

Veränderung ist Leben, Stillstand ist Tod. Schauen Sie einfach mal in das ein oder andere Gesicht Ihrer Mitmenschen. So mancher ist bereits tot, bevor er überhaupt gelebt hat.

Robert Betz (www.robert-betz.de) stellte einmal in einem Vortrag die Frage: *„Was glauben Sie, wo die meisten Visionen und Lebensträume der Menschen gelagert sind? – Antwort: Auf den Friedhöfen dieser Welt."* Wirklich bedauerlich! Das ist nicht Sinn und Zweck Ihres Daseins!

Ist Ihr bisheriges Leben hauptsächlich geprägt von dem Gefühl, versagt zu haben oder gar als „Montagsproduktion der Schöpferkraft" hier auf Erden gelandet zu sein? Ruft Ihr Selbstwert nach Hilfe und Erlösung von dem Übel? Ohne Macht dem Schicksal ausgeliefert zu sein, ist der fatalste Irrtum des rationalen Verstandes. Dieser Irrtum öffnet Tür und Tor für jede Form der Fremdbestimmung, von Staat, Gesellschaft, Familie bis Religionen unterschiedlicher Richtungen, jedes System greift da gerne zu! Das Gefühl der Ohnmacht katapultiert Sie in die Handlungsunfähigkeit und damit in die würdelose Haltung des Opfers. Wir sind niemals die Opfer unserer Lebensumstände. Es sei denn, wir entscheiden uns dafür!

Ist die Kraft der Selbstwirksamkeit, der eigenen Handlungskompetenz als Erfahrungselement nicht abrufbar, entsteht das Gefühl der Ohnmacht. Der Glaube, ohne Macht zu sein, erzeugt eine begrenzte Sicht der Dinge. Politische Ideologien und Systeme, Religions- und Glaubenssysteme arbeiten über diese Massenmanipulation. Sie suggerieren ihren Anhängern, dass die einzige Möglichkeit zu überleben ihre erschaffene Ideologie ist. Von Angst geprägte, verunsicherte Menschen fühlen sich von solchen Pseudosicherheiten angezogen. Häufig sind es Menschen, die über den Modus des Befehlsempfanges und der Fremdbestimmung ein Gefühl von „wohlbehütet unter Papis Mäntelchen" Zuflucht vor dieser bösen Welt suchen. Den Zugang zu ihrer eigenen Intelligenz haben sie verloren oder auch freiwillig abgegeben. Ein imaginärer „Papi" denkt und handelt für sie, und sie selbst haben sich zu einem Funktionsteilchen degradiert. Stellen Sie sich nur mal eine Ein-Mann-Herrschaft vor: Ein ganzes Volk übergibt Leben und Verantwortung in die Hände eines „Krieg spielenden-Kleinkindes"!

Wie auch immer, die Hauptaufmerksamkeit blockierter Kreaturen wird von gezielt eingesetzten Lebenslügen der Abhängigkeit vollkommen absorbiert. Ein Trugschluss mit fatalen Folgen! Die mannigfaltigen Aspekte der Angst mit ihren tausend Gesichtern haben die Kommandobrücke dieser Menschen längst besetzt und das Steuer des Lebens aus ihren Händen genommen. Systemen und Glaubensformen, die ihre Individualität und Autonomie untergraben, schenken sie mehr Aufmerksamkeit, als der leisen, inneren Stimme, über die jeder verfügt. Diese Stimme heißt Intuition.

Jeden Tag aufs Neue dürfen wir uns entscheiden: Habe ich mein Leben im Griff, oder hat das Leben mich im Griff?

Immer, wenn wir anderen die Macht über unser Leben geben, praktizieren wir einen faulen Kompromiss und folgen der Illusion einer Lüge. Der Verpflichtung, als Kapitän das Steuer des Lebensschiffes selbst zu führen, kommt solch ein Mensch nicht mehr nach. So ist es kaum verwunderlich, dass x-beliebige Einflüsse, von außen wie von innen, wie ein wild gewordener Haufen schwer erziehbarer Kinder, das Ruder übernehmen. Mal steuert die Angst das Schiff, mal die Panik, mal irgendein Verrückt-macher aus der Politik, Medienwelt oder der eigenen Familie. Jeder übernimmt mal das Kommando. Keiner kennt so recht den Kurs, und die ganze Mannschaft macht, was sie will, ohne Führung und Zielvorgaben.

Eines ist sicher: Dieses Schiff (Mensch) erreicht sein Ziel nie! Der eigentliche Befehlsgeber, ist zerrissen, absolut fremdbestimmt und meilenweit von sich selbst entfernt. Der Körper und jede Zelle, die noch halbwegs funktioniert, senden ein Symptom nach dem anderen, doch keines dieser Signale wird wahrgenommen. Durch die Verabreichung zahlreicher „chemischer Keulen" werden die kleinsten Reaktionen gleich im Keim erstickt. Jeder der Billionen Mitarbeiter auf der Zellebene sehnt sich danach, dass der „Chef" persönlich wieder das Kommando über sein eigenes Leben übernimmt, doch der ist weit entfernt und nicht mehr Herr seiner Selbst!

Auch wenn es schwer fällt, hier ist eine klare Entscheidung fällig: Wollen Sie Kapitän auf Ihrem Lebensschiff sein, oder Treibholz im Fahrwasser anderer?

Ich höre deutlich den Einwand: „Das kann aber nicht jeder!" Stimmt, aber jeder kann es lernen. Vorausgesetzt, er hat das Ziel, ein selbstbestimmtes Leben zu leben. Niemand wird gezwungen, ein Leben in höchster persönlicher Kompetenz zu praktizieren. Das erfordert nämlich Disziplin, Eigenverantwortung und tägliches Training. In der Tat ist das nicht jedermanns Sache. Doch der Einwand „Ich hatte eine schwere Vergangenheit..." ist, in Anbetracht mancher Erfolgsgeschichte von Menschen, die trotz Gewalt, Holocaust und anderer Demütigungen erfolgreich ihr Leben gemeistert haben, auf Dauer nicht tragbar und schon gar nicht förderlich.

Ich lernte durch Beobachten

Um im Chaos der Welt zu überleben und die Vielzahl an Manipulationswerkzeugen zu erkennen, lernte ich *stilles Beobachten* und begegnete so vielen spannenden, menschlichen Exemplaren. Nur so war es mir möglich, mit der Zeit rechtzeitig die emotionalen Fallstricke zu bemerken, in die ich immer wieder bis dato hineinstolperte. Je nachdem, was für ein Ereignis oder Drama sich gerade auf der Bühne des Lebens abspielte, begann ich die unterschiedlichen Rollen meiner Mitspieler und ihre Verhaltensmuster genau zu studieren.

Das half mir in mühseliger Kleinarbeit, meine eigene Wahrheit wieder ans Licht zu befördern. Berührt von der unglaublichen Geschichte von *Byron Katie* und ihren einfachen, aber tief greifenden Klärungswerkzeugen aus ihrer Arbeit mit *The Work* fand ich den Mut, immer weiter zu gehen. Insgesamt brauchte ich zwei Jahrzehnte Menschenstudium, um das Lügengebäude meiner Konditionierungen und Prägungen einzureißen.

Die nachfolgenden Beschreibungen zeigen die meist benutzten **Fallstricke und Manipulationstechniken**, die sowohl in partnerschaftlichen, familiären, beruflichen, als auch in religiösen und politischen Richtungen am häufigsten eingesetzt werden. Einige der nachfolgenden Charaktere sind auch Ihnen sicherlich schon begegnet.

Der Highlander – der Absolute und einzig Wahre

Die Filmfigur *Der Highlander* verkörpert für mich am anschaulichsten das personifizierte Phänomen mit der dazugehörenden Überzeugung: „Es kann nur einen geben!" Das „Highlander-Syndrom", wie ich es bezeichne, begegnete mir bereits als Kind in unterschiedlichen Variationen. Schon damals empfand ich diese begrenzende Aussage in Bezug auf Gott sehr beengend. Ich konnte mir einfach nicht vorstellen, dass Gott Angst um seine Position und seinen Job hat. Ich nahm ihn komplett anders wahr. Jetzt als reife, erwachsene Frau erkenne ich Sinn und Zweck dieser vermenschlichten Rolle: Größe vortäuschen und einschüchtern! In der Tierwelt ist dies ein beliebtes Täuschungsmanöver: sich größer zu machen, als man tatsächlich ist. Das finden wir nicht selten auch im Business-Bereich. An der Börse ist das ein Blendungsmanöver, welches ein Broker beherrschen sollte. Er spielt das Spiel perfekt. Insgesamt sind Systeme und Menschen, die diese Rolle brauchen, eher bedauernswert. Mangeldenken, Verlustangst und kräftezehrende Kontrollsucht sind ihre stetigen Begleiter. Arg gepeinigt vom eigenen aufgeblasenen Ego sind sie wie hungrige Geister, die nie satt werden, da sie sich hauptsächlich von äußerlicher Bestätigung und Anerkennung nähren.

Selbst religiöse Gemeinschaften schrecken nicht davor zurück, sich aufzublasen wie ein Kugelfisch, um den Eindruck der Macht über Leben und Tod dramatisch zu demonstrieren. Aus dieser Ideologie entstand auch die Mutter aller Bestrafungen: „Wenn du nicht tust, was wir dir sagen, wird Gott dich strafen und du kommst nicht in den Himmel!" Jahrhunderte lang klappte das sehr gut, doch mittlerweile sind einige Religionsführer hauptsächlich z.Zt. damit beschäftigt, sich beim Menschen der Neuzeit zu entschuldigen. Die verlogene Fassade beginnt stetig zu bröckeln. Der Erosionskraft der Klarheit hält langfristig keine Lüge stand!

Die Kommunikationsform der „Manipulation über Schuld und Scham" stellt auch heute noch eines der wichtigsten Werkzeuge unserer Gesellschaft dar. Der einfachste Weg, Menschen gefügig zu machen und sie in ihrer Würde zu beschämen, ist, sie zu beschuldigen. Ihn von vornherein prophylaktisch schuldig zu sprechen, hält den Menschen emotional in einer geduckten Haltung, eine hervorragende Ausgangslage für jede Form des Missbrauchs! Sind die Sünder und Schuldigen erst einmal vollkommen in das Gefühl der Scham eingetaucht, sind sie gefügig und benutzbar.

Für den Highlander-Charakter ist es äußerst wichtig, allein die Herrschaft zu haben. Nur so fühlt er sich sicher und hat die Bühne für sich, um seine angebliche Macht entsprechend dramatisch zu demonstrieren. Im schlimmsten Falle praktiziert er Drohgebärden mit ganzem Körpereinsatz, was sich nicht selten als Gewalt in der Ehe zeigt. Jedoch ist leider aktuell dieses Phänomen auch global sichtbar. Siehe: Ein-Mann-Herrschaft, bzw. Diktatur.

Die Demonstration der Macht beeindruckt natürlich zunächst, und wir fühlen uns in der Gegenwart solcher Systeme und Menschen klein, verängstigt, unruhig und unsicher. Das ist ja auch Sinn und Zweck des Auftrittes! Andere Merkmale, die diese Gruppen zeigen, sind unreflektierte Kommunikation, Befehlserteilung, autoritäres Verhalten, ständiger Sarkasmus und geistige Unflexibilität.

Diese Bedrohung funktioniert aber nur so lange, wie das Umfeld in der Schreck- und Opferstarre verbleibt. Wacht das vermeintliche Opfer, bzw. Volk, auf und wird sich seiner Kraft, Stärke und des eigenen Wertes bewusst, ist das Spiel beendet.

Doch wir dürfen den Grund dieser Einschüchterungstaktik nicht vergessen. Durch das „King-Kong-Gehabe" bekommt dieser Charakter aus seinem Umfeld das Wichtigste, was er zum Überleben braucht: Die gesamte Aufmerksamkeit und damit die Energie zum Überleben.

Der makellose Gutmensch – fehlerfrei & normgerecht

Einem solchen Charakter begegnet man häufig. Familiär wie beruflich ist dieses Exemplar immer wieder eine große Herausforderung. Ob weiblich oder männlich, man erkennt diese Menschen an ihrem typischen, leicht überheblichen bis arroganten Gesichtsausdruck. Eindeutig signalisieren Mimik wie auch Haltung: *„Wie gut, dass ich alles richtig gemacht habe, im Gegensatz zu dir!"*

Egal, in welcher Form solch ein Exemplar uns begegnet, ob als beste Freundin, Familienmitglieder und Verwandte, Ehepartner, Chef, Kollege, Therapeut oder sonstige perfekte, unfehlbare, menschliche Erscheinungen, insgesamt haben wir es hier mit einem hochintellektuellen, verbal hervorragend geschulten Typus zu tun. Er verfügt über ein großes Faktenwissen und erscheint unschlagbar logisch. Es zählen einzig und allein Fakten und nichts anderes. Alles, was wissenschaftlich nicht dokumentiert und bewiesen ist, existiert nicht. Was nicht sichtbar ist, ist auch nicht vorhanden. Träume gibt es nicht, und Visionen sind komplette Spinnerei. Warum? – Keines dieser Phänomene ist sicher! Ohne absolute Absicherung läuft gar nichts. Dieser Mensch braucht die Sicherung für die Versicherung und sichert sie ab.

Ganze Branchen leben von diesen Sicherheitsfanatikern. Egal, ob die elektronische Haussicherung, Alarmanlagen, Versicherungen jeglicher Form, vom Sterbegeld bis zum Fahrraddiebstahl, alles wird abgesichert. Dahinter verbirgt sich die tiefgreifende Angst des Kontrollverlustes. Solange er oder sie kontrolliert, fühlt er oder sie sich sicher. Daher wird bis ins kleinste Detail alles hinterfragt und grundsätzlich auch alles in Frage gestellt, außer natürlich sich selbst und das eigene Weltbild. Alles und jeder ist zunächst mal eine Bedrohung, zumindest für seine selbst erzeugte, heile, keimfreie Welt. Insgesamt ein äußerst kritischer Mitmensch, der stets nach Gelegenheiten sucht, um die Schlechtigkeit der Existenz, von der er selbst auch ein Teil ist, unter Beweis zu stellen. Die angebliche Unzulänglichkeit anderer ist für ihn ein Dauerthema. Jedoch zugleich eine unbewusste, perfekte Projektionsfläche für seine eigenen Fehlleistungen, die für ihn natürlich nicht existieren.

Es ist für diese Charaktere ein offensichtliches Vergnügen, anderen Menschen ihre etwaigen Schwächen mehr als notwendig vor Augen zu führen. So hält er sein Umfeld klein und sich selbst groß, und hat damit die Kontrolle. Seine Botschaft ist in Fels gehauen: *„Ich würde ja meine Fehler gerne zugeben, wenn ich welche hätte!!!"*

Der Kümmerer

Der Helfer in der Not ist ein großer Segen, und ich verneige mich mit tiefstem Respekt vor diesen selbstlosen Menschen, die da sind, wenn man sie braucht. Der Charakter des Kümmerers zeichnet sich dadurch aus, dass er stets weiß, was gerade gut für dich ist. Er erscheint bereits auf der Bildfläche, bevor er wirklich gebraucht wird. Er ist allzeit bereit, stets zur Stelle, kümmert sich sofort und augenblicklich um alles und ist mit Rat und Tat schnell dabei. Natürlich nicht selbstlos, sondern schon mit Kalkül. Hier finden wir eine Variante des Makellosen, sozusagen eine Steigerung des Gutmenschen, die sehr subtil und äußerst schwer zu erkennen ist. Wir finden ihn dort, wo bewusst Schwäche gelebt wird. Zwei Charaktere, die sich so gegenseitig nähren, spielen ihr Lebensspiel, was auch gern als „Co-Abhängigkeit" bezeichnet wird. Auf den Plan gerufen wird der Kümmerer-Charakter überall dort, wo er auf bewusste oder offensichtliche Schwäche trifft, dort wo die Überzeugung „Ich bin absolut hilflos..." aktiv gelebt wird. Ist ja im Prinzip auch o.k., ab und an badet jeder einmal gern im Sumpf des Selbstmitleids. Doch es gibt auch Menschen, die konsequent davon überzeugt sind, unter permanentem Kräftemangel oder chronischer Unwissenheit zu leiden. Solch ein Mensch ist bewusst oder unbewusst nicht in der Lage, den Herausforderungen des Lebens aktiv zu begegnen. Natürlich gibt es psychologische Pathologien, die dieses Verhalten rechtfertigen und fachtherapeutische Hilfe angesagt ist.

Ich spreche hier aber von einer Persönlichkeit, die Handlungsunfähigkeit bewusst einsetzt, sich sozusagen künstlich blöd stellt. Sie lebt das Gefühl, ein äußerst bedauernswertes Wesen zu sein, genussvoll aus. Durch ihr demonstriertes Leid zieht sie förmlich die Retter und Kümmerer dieser Welt an wie das Licht die Motten, wundert sich aber dann, wenn sie das ein oder andere Mal übervorteilt wird. Je mehr sie ihre Handlungsunfähigkeit zur Schau stellt, umso mehr ist sie ein gefundenes Fressen für alle, die sich an solchen armen Kreaturen nähren.

Die Welt ist voll von Kümmerern, die nur darauf warten, Ihnen Ihr Leben wieder in Ordnung zu bringen. Der Preis allerdings ist hoch.

Krankheit und Alter als Manipulationswerkzeug

Über den sekundären Gewinn einer Krankheit sind schon einige Bücher geschrieben worden. Daher muss ich das Thema hier nicht vertiefen. Namhafte Autoren wie *Dr. med. Rüdiger Dahlke* bereichern diesbezüglich die Welt mit ihren erstaunlichen Erkenntnissen. Tatsächlich kann eine Erkrankung für den Betreffenden so manche Vorteile mit sich bringen. Nicht selten ist es die lang entbehrte Zuwendung des Umfeldes. Wer mit dieser Aussage nichts anfangen kann, gönnt sich einfach mal eine Stunde im Wartezimmer eines Arztes, besucht eine Selbsthilfe-Gruppe oder nimmt an einer Kaffeefahrt teil. Bühne frei für den Wettstreit der „armen Ich`s" um die größte Märtyrer-Position! Wehmütig werden Lebenskrisen und Schicksalsschläge durchgekaut und genussvoll ausgemalt. Mit besorgniserregendem Gesichtsausdruck und der entsprechenden gebeutelten Körperhaltung, untermalt von akustischen Signalen wie Seufzen und schwerem Stöhnen, werden die unterschiedlichen Schicksalsschläge dem Umfeld dramatisch präsentiert. Entrüstung und Gegenwehr entstehen jedoch dann, wenn jemand auf etwaige Veränderungsmöglichkeiten aufmerksam macht, um den Weg des Leidens abzukürzen oder gar zu verlassen. Dann wird sofort das „Ja, aber..."-Hilfsprogramm gestartet, womit das vorhandene Leid gerechtfertigt und bekräftigt wird. Hier wird vom „armen Ich" eine akute Bedrohung wahrgenommen. Diese emotional verhungerten Menschen haben sich über Krankheit, Gebrechen oder Alter eine neue Identität erschaffen, nicht selten die einzige, die ihnen noch geblieben ist.

Die Lebensrolle des armen Opfers wird insofern auch noch bestätigt, als diese Menschen sich Partner oder ein Umfeld kreieren, in welchem physische oder psychische Macht über sie ausgeübt wird, und in welchem sie künstlich klein gehalten werden. Irgendwann ist die Überzeugung, ohne die Hilfe ihres Kümmerers nicht leben zu können, fest etabliert. Der Weg in die totale Selbstaufgabe ist geebnet. In der absoluten Verweigerung des Leidenden, Verantwortung für die eigene Existenz zu übernehmen, findet der Kümmerer, wie bereits erwähnt, seine emotionale Nahrung. Auch diese Manipulationsform bleibt nur so lange bestehen, wie die Beteiligten bewusst oder unbewusst ihr Spiel miteinander spielen. Steigt einer aus, weil er das Spiel erkennt, bricht das Kartenhaus der Manipulation zusammen. Jetzt wird allerdings oftmals vom Kümmerer die Technik der Manipulation über Schuldgefühle auf den Plan gerufen, z.B.: *„…und das alles, nachdem ich dies oder jenes für dich getan habe, du undankbares…"* Kommt Ihnen das bekannt vor?

Das sind nur einige von beliebten, zwischenmenschlichen Spielen, mit denen Sie daran gehindert werden sollen, Ihre wahre Kraft zu leben.

Denn „einfach machen", „einfach Sie selber sein", – stellen Sie sich mal vor, was das bedeutet, wenn jeder das machen würde! Wenn jeder sein höchstes Potential als freier Mensch in dieses Leben gibt! Was würde dann passieren? – *Dann hätten wir eine heile Welt!*

Empfohlenes Training zum Erkennen von Manipulationen:

1. Beobachten Sie einmal in den nächsten 2 – 3 Wochen, wie Sie sich in der Gegenwart mancher Menschen fühlen.

2. Beobachten Sie dann Ihre Körperhaltung, Ihre Stimme

3. Fragen Sie sich: „Wie fühle ich mich gerade in der Gegenwart von…?"

4. Klein oder groß?

5. Kraftvoll oder mutlos?

6. Voller Tatendrang oder platt gewalzt wie eine Briefmarke?

Machen Sie Ihre eigene Entdeckung, decken Sie auf! Eine spannende Erfahrung erwartet Sie!

Kapitel 8

Surfen statt Paddeln

„Eine Veränderung tritt nicht dadurch ein,
dass wir uns selbst dazu zwingen, uns zu verändern, sondern
indem wir uns bewusst machen, was nicht funktioniert!"
Shakti Gawain – Leben im Licht

Sofern wir noch einen Ansatz von spontaner Lebendigkeit in uns wahrnehmen, bekommen wir irgendwann mit, dass einiges in unserem Lebensablauf nicht so ganz mit unserem Wohlbefinden in Einklang steht. Als erstes reagiert das Nervensystem. Wir empfinden Unruhe, Nervosität, erleben einen unruhigen Schlaf und spüren eine unerklärliche Angst. Je größer der Widerstand, umso größer der Schmerz. Insgesamt kündigt sich eine notwendige Lebensoptimierung durch zunehmendes Unwohlsein an. Gern vergleiche ich die Phasen einer Veränderung mit der Anatomie einer Welle.

Die Welle der Veränderung

Erste Phase: Etwas in uns kommt in Bewegung. Wie bereits beschrieben, spüren wir Unruhe, fühlen wir Nervosität, eventuell reagieren wir gereizt, werfen uns im Bett unruhig hin und her, Bilder tauchen auf, die genauso schnell wieder verschwinden. Diese Ambivalenz macht Angst. Wir sind stark verunsichert und fühlen uns orientierungslos. Wie ein Astronaut, dessen Verbindungsleitung zum Mutterschiff gekappt wurde.

Zweite Phase: Die Bewegung wird größer, die Angst nimmt zu. Der Körper befindet sich inzwischen in einem hochgradigen Spannungsmodus. Adrenalin überschwemmt jedes Molekül. Als natürliche Reaktion versuchen wir, der Angst zu entkommen. Wir gehen in Aktion und starten Ablenkungsmanöver in Form von Verdrängungstechniken jeglicher Art: Wir stürzen uns in die Arbeit, übernehmen alle möglichen Gefälligkeiten, vollführen maßlose Sportaktionen, Partys, Drogen, Alkohol, Medikamente, rasen von A nach B, praktizieren ein „Multitasking-Leben" auf der Überholspur. Dynamisch, aber sinnlos! Denn die innere Spannung nimmt zu.

Dritte Phase: Innere und äußere Bewegungen steigern sich. Jede Form der Verdrängung verliert ihre Wirkung. Körper, Geist und Seele sind in einer inneren Rotation gefangen. Der Mensch dreht im wahrsten Sinne nur noch am Rad. Die unterschiedlichen Signale in Form von Körperreaktionen werden als Krankheit deklariert und mit Medikamenten-Cocktails weggedrückt. Die Welle der emotionalen Bewegung baut sich stetig auf. Es ist die Phase kurz vor dem Kollaps.

Vierte Phase: In dieser Phase steigern sich die inneren und äußeren Turbulenzen, es passieren kleine und große Katastrophen und Unfälle. Ein Unglück kommt jetzt nicht mehr allein. Chaos breitet sich innerlich wie äußerlich weiter aus. Es hat sich eine Eigendynamik entwickelt, die nicht mehr aufzuhalten ist. Endlich: Die Welle überschlägt sich, es geschieht, was geschehen möchte. Hier hört jede Kontrolle auf. Es ist, als wenn alles über uns zusammenbricht – und wir brechen zusammen. Ich nenne diese Phase „das heilende Chaos". Oder wie *Friedrich Nietzsche* es beschrieb: *„Man muss noch Chaos in sich haben, um einen tanzenden Stern gebären zu können"*.

Was macht einen guten Surfer aus?

Ein guter Surfer wird ein Teil der Welle. Er hat durch stetiges Training gelernt, den Rhythmus der Welle unter seinen Füßen zu spüren. Er orientiert sich am Auf und Ab ihrer Bewegung und spürt jede kleinste Regung. Absoluter Fokus, totale Präsenz und jederzeit bereit, die Richtung zu ändern. Nur so entsteht der unbeschreibliche Tanz der Symbiose zwischen Elementarkraft und Mensch. Würde er auch nur für einen Moment in seinen Gedanken abschweifen, sich aus dem Moment des JETZT entfernen, zeigt die Welle ihre unbändige Kraft und überrollt ihn. Nun muss er strampeln und paddeln, was das Zeug hält, um wieder den Überblick zu gewinnen.

Und? Erkannt, worum es geht? – Unser Leben ist die Welle. Es ist eine Frage des Fokus und der Präsenz, wie lange wir oben bleiben. Die Meisten schaffen es keinen halben Tag, dann sind sie wieder von ihrem Brett abgestürzt und paddeln wie wild im Meer der Angst, der dynamischen Sinnlosigkeit, Verzweiflung und emotionalen Dunkelheit. Im schlimmsten Fall sind sie davon überzeugt, dass das, was gerade geschieht, ihr Untergang ist. Wenn sie fest daran glauben, ist es auch so.

„Ob du glaubst, dass du es kannst, oder ob du glaubst, dass du es nicht kannst – in beiden Fällen wirst du recht behalten!"
Henry Ford

Das Gesetz der Wandlung – Trauma der Veränderung

Leben ist permanente Wandlung der Form. In jeder Sekunde werden tausende von Zellen in unserem Körper neu geboren, und ebenso viele haben ihre Funktion erfüllt und sterben. Dem Gesetz der Wandlung kann sich nichts und niemand entziehen. Nichts, absolut gar nichts können wir festhalten. Wir werden geboren und erleben die erste große Veränderung, den ersten fundamentalen Ortswechsel aus der Gebärmutter raus ins Leben. Wir wachsen heran und verändern unseren Körper und erweitern hoffentlich auch den Geist. Wir verlassen die Ursprungsfamilie und finden unseren eigenen Kreis. Wir verlassen, und werden auch einige Male im Leben verlassen. Permanente Veränderung bietet uns dieses spannende Abenteuer, was wir Leben nennen. Und irgendwann kommt die Schlussszene, die wir TOD bezeichnen. Ein fundamentaler Ortswechsel steht an. Der Tod ist die intensivste Form der Transformation, der Veränderung.

Wandlung und stetige Veränderung fördern Wachstum und Reife, Sinn und Zweck unseres Aufenthaltes in dieser Existenz.

Leider halten wir aber allzu gern an Situationen, Lebensumständen und Menschen fest, die uns jegliche Lebensfreude zunichtemachen. Selbst auf die Gefahr hin, dass die ein oder andere große Chance, die uns gerade vom Leben präsentiert wird, kein zweites Mal vorbeikommt.

Wir sperren uns vor einer notwendigen Veränderung, blockieren unser Wachstum. Wir sind nun einmal „kosmische Azubis" und aufgefordert, uns weiterzuentwickeln. Wer hat denn eigentlich behauptet, dass persönliche Entwicklung mit Leid, Kummer, Entbehrung, Entsagung und anderen die Lebensfreude raubenden Aktionen einhergehen muss?

Unser natürliches Grundbedürfnis ist, in Freude leben zu dürfen. Zu bekommen, was Sie möchten, ist somit eine freudvolle Herausforderung. Ihr Leben ist ein Geschenk, kein notwendiges Übel!

Überzeugungen als Querströmungen

Starre Überzeugungen und Glaubenssätze sind wie Querströmungen. Sie sorgen regelmäßig dafür, dass wir von unserem Surfbrett abstürzen, wie wild um uns schlagen, und um unser Leben paddeln. Ich bin davon überzeugt, dass Sie Ihre „Querströmungen" bereits sehr gut kennen. Wenn nicht, finden Sie nachfolgend ein paar Beispiele von selbstproduzierten Quer- und Unterströmungen, die Sie immer wieder aus Ihrem Rhythmus bringen und von Ihrem Surfbrett werfen!

Training: Achten Sie in nächster Zeit darauf, welcher dieser Gedanken Sie von Ihrem Surfbrett kippt! Eine Sammlung von alltäglichen Selbstsabotagen:

1. Ja, aber wenn das oder jenes passiert, dann…
2. Das geht ja doch nicht, ich kann das nicht!
3. Nein, das kann ich nicht annehmen!
4. Das geht zu einfach. Wo ist der Haken?
5. Ich muss noch härter arbeiten!
6. Ich muss erstmal noch mehr leisten!
7. Ich bin noch nicht so weit!

Erschaffen Sie sich Ihren eigenen Ressourcen-Pool

In jeder Persönlichkeit liegt ein wertvolles Potential verborgen, das es zu bergen gilt, um es effizient und zum großen Nutzen für unser Leben einzusetzen. Die natürlichen Talente und Fähigkeiten bilden den kostbaren Schatz der Individualität.

> *„Sei du selber, von den anderen gibt es genug."*
> Karl Pilsen

Die nachfolgende Übung hilft, mit dem wahren Potential Ihrer Stärke, Talente und Fähigkeiten wieder in Kontakt zu kommen. Ein Mensch, der diese naturgegebenen Diamanten nicht kennt, wird sich permanent in allen Bereichen seines Lebens selbst in Frage stellen.

Training: Fertigen Sie ein Profil Ihrer Stärke an

Fortgeschrittene Übung:

1. Schreiben Sie ein Plädoyer über sich selbst, in dem Sie all Ihre natürlichen Talente und Fähigkeiten hervorheben. Hilfreich ist es, sich vorzustellen, dass Sie über sich selbst als beste Freundin oder bester Freund schreiben.

2. Markieren Sie anschließend Ihre entdeckten Talente und Fähigkeiten mit einem Textmarker oder Rotstift.

Diese Übung ist kein Gesellschaftsspiel!
Es zeigt ihre größte Wirkung, wenn Sie ganz für sich alleine sind.

Wer seiner eigenen Sache (sich selbst) untreu wird,
kann nicht erwarten, dass ihn andere achten.
Albert Einstein

Kapitel 9

Besser Fehler als gar keine Bewegung

„Wer keine Fehler macht, macht auch sonst nicht viel!"

Antony Fedrigotti wie auch *Erich J. Lejeune* sind beide hervorragende Persönlichkeitstrainer, die immer wieder auf die fatalen Auswirkungen der „krampfhaften Fehlervermeidung" in ihrer genialen Arbeit aufmerksam machen. Stehenbleiben aus der Angst heraus, eventuell einen Fehler zu begehen, ist der direkte Weg ins Niemandsland. Angst und Zweifel sind die größten Hindernisse auf dem Weg des persönlichen Erfolges.

*„Wer ein Übel fürchtet, wird durch die Erwartung desselben
ebenso beunruhigt, als wenn es bereits eingetreten wäre.
Und was er zu leiden fürchtet, erleidet er durch die Furcht."*
Seneca

Das, was wir gern mal als Fehler bezeichnen, sind notwendige Erfahrungen und Optimierungshilfen. Angst und ihre zahlreichen Symptome lindern wir nicht durch Wegschauen oder Davonlaufen. Sinnvolle Aktivitäten und Bewegung vermindern Angst, blinder Aktionismus hingegen bestätigt den unbewusst erwarteten Misserfolg. Wir schauen uns die Auswirkungen später genauer an.

Welche Körpersignale lassen mich erkennen, ob ich wirklich den richtigen Weg gehe?

Zunehmende Lebenskraft, Vitalität, Lebensfreude und Begeisterung erfahren Sie durch das, was Sie aus vollem Herzen tun. Begeisterung heißt nichts anderes als *vom GEIST begleitet sein*. Es ist Ihr *beflügelter Geist* der in vollkommener Hingabe Ihr Werk begleitet. Erinnern Sie sich einmal an die Zeit Ihrer Kindheit. An Momente, an denen Sie, mit dem, was Sie taten, total EINS waren. Kinder leben im JETZT. Mit jedem Atom ihres Seins sind sie absolut präsent bei dem, was sie gerade tun. Auch Sie spüren in der Kraft der Gegenwart unverkennbar das Pulsieren Ihrer Lebendigkeit, in jeder Zelle Ihres Körpers. Freude und Begeisterung sind der sichere Hinweis, dass Sie Ihre Bestimmung und Berufung leben. Körper, Geist und Seele sind vereint in der Symphonie, die wir Leben nennen, und Ihre zahlreichen Mitarbeiter auf der Zellebene schwingen im Einklang mit Ihnen. Durch diese Vitalisierung erreicht Ihr Körper ein gigantisches Leistungspotential. Charismatisch und authentisch wirken sie auf Ihr Umfeld, wie ein Magnet der puren Lebensfreude.

Der Weg zum Erfolg führt über die Begeisterung

Menschen, die vollkommene Erfüllung in dem finden, was sie leben, und in die Welt geben, strahlen Enthusiasmus aus. *Enthusiasmus* kommt aus dem *griech. Enthousiasmos* und bedeutet so viel wie *göttliche Begeisterung, Verzückung, mit Gott sein*. Und genau das passiert. Sie leben ihr höchstes, individuelles Potential, folgen ihrer Berufung, und wirken dadurch total charismatisch. Eine einzigartige, unverwechselbare Kraft und Dynamik treibt sie an. Das ist die Basis eines erfolgreichen und glücklichen Lebens, getragen von Leidenschaft und Hingabe. Diese Menschen verkörpern und leben eine klare Ausrichtung. Sie wissen, was sie wollen, und kennen ihr Ziel. Wenn die Aufgaben mit dem Sinn des Lebens übereinstimmen, geschieht die Verwirklichung in Leichtigkeit. Neue Wege zu gehen, erfordert allerdings, wie bereits erwähnt, Mut, Vertrauen, Präsenz und Fokussierung.

Dr. Serge Kahili King (geb. in den USA) beschreibt in seinen zahlreichen Büchern wie *„Der Stadt-Schamane"* und *„Die Meisterformel des Erfolges"*, Mittel und Wege, wie trotz aller Ängste eine Veränderung möglich ist. Er selbst wurde von seinem Vater bis zum vierzehnten Lebensjahr in die Lehren der Hawaiianischen Huna-Tradition eingeweiht. Nach dessen frühem Tod übernahm sein Großvater Joseph Kahili, vom Stamm der Kauai und hawaiianischer Schamane, auch als Kupua bezeichnet, seine weitere Ausbildung. *Dr. Serge Kahili King* verbindet in erstaunlicher Weise den westlichen wissenschaftlichen Weg der Psychologie (Dr. PSY, California Western University) mit dem traditionellen hawaiianischen Schamanenweg. Diese einfache Form, den

Geist zu schulen, möchte ich Ihnen auf keinen Fall vorenthalten. Seit meiner eigenen Ausbildung vor vielen Jahren bei einem seiner Schüler hängt diese Meisterformel über meinem Schreibtisch:

$$E = mc^2 - r$$

Ja, Sie sehen richtig! Das kommt Ihnen bekannt vor, nicht wahr? Nur, dass *Serge Kahili King* diese Einstein-Formel ein klein wenig anders interpretiert:

Effectiveness = Motivation multiplied by confidence multiplied again by concentration and reduced by resistance.

Das bedeutet: Das „*E*" steht für *Effizienz*, welche nur entstehen kann, wenn wir hochmotiviert sind, daher „*mc²* – *Motivation hoch 2*. Gepaart mit der entsprechenden *Konzentration plus Fokus* ergibt dies bereits ein kraftvolles Potential. Doch um die Formel zu vollenden, gilt es weiter, den Geist in der Klarheit zu halten. Das heißt: Alles, was sich Ihnen in den Weg stellt zu reduzieren und, wenn nötig, auch zu eliminieren. Das „*Minus r*" steht hier für *Reduktion der Widerstände* und *Hindernisse,* und ist die praktizierte *Selbstwirksamkeit in höchster Präzision.*

Diese Meisterformel des Erfolges ist für tausende von Menschen weltweit ein stetiger Begleiter auf ihrem Weg zum Ziel.

Selbstüberprüfung Ihres Erfolgsweges

Entspannen Sie sich, bleiben Sie schön locker! Es ist absolut in Ordnung, wenn es zu Beginn eines neuen Weges mal etwas holperig und wackelig zugeht. Unsicherheit gehört zum Prozess der Neuorientierung und ist kein Grund, es nicht zu wagen. Jede Zelle, die neu geboren wird, durchläuft diesen Prozess, bis sie sich etabliert hat.

Spüren Sie ab und an in Ruhe mal nach, welcher blockierende Gedanke Sie immer wieder ausbremst oder Sie ständig davor warnt, Fehler zu machen, zu versagen oder, oder, oder...! Dieser *„Erfolgsbremse"* haben Sie es zu verdanken, dass Ihr Lebenstraum immer noch in der Warteschleife hängt.

Nebenbei entlarven Sie auch damit den Teil in Ihnen, der die Handbremse, auf dem Weg zu einem erfüllten Leben, bereits vor langer Zeit anzog, und somit bisher Ihren Erfolg und Ihre Ziele erfolgreich ausbremste!

Training:

Nehmen Sie einen großen Zeichenblock, und geben Sie Ihrem blockierenden Gedanken eine Form, ein Symbol, ein Gesicht.

Es darf ruhig etwas übertrieben sein, gerne auch wie eine *Comic-Figur*. Zeichnen Sie aus dem Bauch heraus, nicht aus dem Kopf. Hier geht es nicht um Schönheit, sondern um Gefühl. Welches Gefühl verkörpert dieser Gedanke? Sie dürfen dieser Darstellung auch gerne einen Titel oder Namen geben. Wenn er dann mal wieder auf Ihrer Lebensbühne erscheint, können Sie ihn gleich beim Namen nennen und entscheiden, ob er bleiben darf, oder ob Sie ihn ein für alle Mal in die Wüste schicken.

Übrigens, es darf auch Spaß machen!

Ein Meister der Wandlung

Wandel bedeutet: Umwandlung alter Strukturen. Die Kunst jedoch besteht darin, das kostbare Geschenk der Individualität zu bewahren. Der „Rohdiamant der Einzigartigkeit" ist in jedem Menschen tief verborgen. Es ist unsere Aufgabe, ihn in das Licht des Bewusstseins zu heben, um die einzigartigen Facetten der Persönlichkeit zu erkennen und zu leben.

Ein wahrer Meister der Umwandlung ist das zarteste Geschöpf dieser Existenz: der Schmetterling. *Gottlieb Guntern* schrieb in seinem Buch *„Im Zeichen des Schmetterlings"*:

„Die Schmetterlinge haben vor 65 Mio. Jahren den Clan der Dinosaurier überlebt, weil ihre Strategie der Flexibilität, Umwandlung und Anpassung eine derartige Vielfalt und Effizienz aufweist, dass sie extremen Herausforderungen standhielten und die schwierigsten Ökosysteme überlebten."

Der Schmetterling beherrscht die hohe Kunst der Strukturumwandlung in Perfektion, ohne dabei seine Individualität zu verlieren. Was dieses filigrane und lebensfrohe Geschöpf uns vorlebt, hat etwas mit Flexibilität und der Bereitschaft zur Wandlung/Transformation zu tun. Sicherlich ist er nicht damit beschäftigt, darüber nachzudenken, ob der Impuls der Veränderung, den er körperlich wahrnimmt, wohl ein Fehler sein könnte!!!

Nein, er lebt im sogenannten TAO, dem natürlichen Rhythmus allen Lebens. Es sind die unumstößlichen Gesetze der Natur, denen wir überall begegnen, und denen niemand ausweichen kann. Das Gesetz des Kommens und Gehens, des Lebens und des Todes, des Gebens und des

Empfangens verkörpert das ewige Auf und Ab der Wandlung.

TAO des Wandels heißt: Wir sind aufgefordert, immer wieder neue Strukturen aufzubauen, sie eine Zeitlang zu erhalten, sie weiterzuentwickeln, und je nach Bedarf wieder aufzulösen. Dieser *Prozess der Metamorphose* löst alte Strukturen auf, und lässt Neues entstehen. So verwandelt der Schmetterling sich vom Ei zur Raupe, von der Raupe zur Puppe und schlussendlich zum Schmetterling. In der Phase der Verpuppung (eine Art innerer Einkehr) befindet er sich in einem mikromolekularen Zustand, die Raupe löst sich bis zu einem winzigen Kristallisationskern auf, aus dem dann wiederum ein bezauberndes Geschöpf entsteht – ein Schmetterling.

Praktiziertes Vertrauen in die Schöpfung und die eigenen Fähigkeiten (Selbstwirksamkeit) unterstützen diesen Prozess. Veränderung erfordert Vertrauen in die eigene Kraft, eine große Portion Offenheit und den Mut, Unbekanntem erlauben, entstehen zu dürfen!

Zwei Schmetterlingsraupen lagen dösig
auf dem Ast eines Kirschbaumes.
Plötzlich flog ein wunderschöner Schmetterling,
frisch aus seinem Kokon geschlüpft, an ihnen vorbei.
Da sagte die eine Raupe zur anderen:
„In so ein Ding kriegst du mich nie rein!"

Es wird nicht lange dauern, und die Natur wird diese Raupe eines Besseren belehren!

Auch einige menschliche, politische und gesellschaftliche Strukturen wirken oftmals wie diese etwas rigide

Schmetterlingsraupe. Ihre geistige Flexibilität ist unbeweglich und starr. Manche Gletscher bewegen sich schneller.

Strukturen sind wichtig, sie geben den Funktionen des Lebens Statik und Halt. Doch wie jedes Gebäude hin und wieder der Sanierung bedarf, so gilt es auch, mentale Strukturen in uns selbst und in der Gesellschaft immer wieder auf ihre Funktionsfähigkeit und Flexibilität zu überprüfen.

Um gesund und erfolgreich in allen Bereichen dieser Existenz zu leben, ist es erforderlich, veraltete Strukturen zu optimieren, und, wenn nötig, aufzulösen. Nur so ist Weiterentwicklung möglich. Erst wenn Altes weicht, kann Neues entstehen.

Eine Gefahr für Körper, Geist und Seele besteht, wenn individuelle, persönliche Werte wie Gesundheit und Lebensfreude nur noch in sehr geringem Maße vorhanden sind. Nicht selten taucht in dieser Phase die Frage nach der Sinnhaftigkeit dieses Lebens auf. Es ist das klare Signal, die bisher gelebte Lebensform zu hinterfragen. Wird dieser Impuls jedoch ignoriert und das Thema *„Lebensfreude"* weiterhin wegrationalisiert, sendet der Körper Symptome (Krankheit), um auf dieses folgenschwere Defizit aufmerksam zu machen.

Ein Leben ohne Spaß und Freude ist der sichere Weg ins Siechtum! Achten Sie einmal auf die Körperhaltung Ihrer Mitmenschen, und schauen Sie auch in deren Augen. Und? Strahlt Ihnen da die pure Lebenslust entgegen?

Auswirkung – Symptome auf der körperlichen Ebene

Die häufigsten körperlichen und seelischen Symptome des Mangels an Lebensfreude sind:

- chronische Erschöpfung / Müdigkeit
- Ein- und Durchschlafstörungen
- Verkrampfungen der Schulter-Nacken-Muskulatur
- Kopfschmerzen (Eisenring)
- abgeflachte Atmung
- Aggression
- Konsumzwang (Kompensation durch Konsumieren)
- Beziehungsprobleme auf allen Ebenen (Partner-Kinder-Beruf-Freundeskreis)
- hypochondrische Tendenzen (Krankheitsängste)
- Zynismus (hält angenehme, genussvolle und fröhliche Aktivitäten für oberflächlich, und lehnt sie mit der Begründung der Zeitverschwendung grundsätzlich ab)

Zwei Dinge sind unendlich,
das Universum und die menschliche Dummheit,
aber bei dem Universum bin ich mir noch nicht ganz sicher.
Albert Einstein

Erst SEIN, dann HABEN

In seinem Buch *„Haben oder Sein"* beschreibt der Sozialpsychologe *Erich Fromm* 1976 ein weit verbreitetes Missverständnis, das damals wie heute eifrig praktiziert wird, viel Leid hervorruft und letztendlich häufig im Zustand des Burnouts endet. Der weit verbreitete Irrtum ist die Annahme:

- Ich muss erst genug haben (Geld, Besitz, etc.), ...

- ... damit ich endlich tun kann, was ich möchte.

- ... um endlich zufrieden und glücklich zu sein.

Das ist allerdings eine „NeverEnding Story" und läuft nicht selten ein Leben lang, ohne wirklich ans Ziel zu kommen.

Die Erfolgsformel für ein erfülltes Leben ist:

Vom Sein zum Haben:

1. Habe den Mut,

2. der- oder diejenige zu sein, wer du bist,

3. mit allen Stärken und Schwächen.

4. Lebe mit Begeisterung,

5. und tu, was du gern tust,

6. um zu haben, was du möchtest.

Der wichtige kleine Unterschied

In der Existenzform des Haben(wollen)s sind wir fremdgesteuert durch das Objekt der Begierde. In der Existenzform des Seins lassen wir uns von unserer Intuition leiten und vom Fluss des Lebens tragen.

In einer Identitätskrise gerät häufig der rational überflutete und kopfgesteuerte Mensch in eine innere Rotation. Er dreht im wahrsten Sinne innerlich fortwährend am Rad der eigenen Begrenzungen. Gesteuert von Angst und Zweifel werden Partner, Freunde oder sogar Medien mit ihren Massenproduktionen von Antworten um Rat und Tat befragt.

Was hier angesagt wäre, nämlich Ruhe, Besinnung und erstmal für sich sein, wird tunlichst vermieden.

Angst trübt Ihre Wahrnehmungsoptik

Der größte Feind auf dem Weg zum Ziel ist die Angst. Es gibt nur einen Weg, sie zu besiegen: *Schauen Sie ihr direkt in die Augen!* Angst lässt uns stagnieren, reduziert die Atmung, lähmt den Körper und führt letztendlich in eine Opferhaltung, Ohnmacht und Resignation. Aktivitäten und nicht blinder Aktionismus helfen dabei, die Kraft der Handlung zu aktivieren. Aus sich selbst heraus wirksam zu sein, ist das kraftvollste Anti-Angst-Mittel!

Um etwaige Ängste, blockierende Überzeugungen und Glaubensmuster auf dem Weg zum Ziel zu erkennen, ist es daher erforderlich, eine klares Bild des Zieles vor dem inneren Auge entstehen zu lassen. Die klare Vision Ihres Zieles, ist die Voraussetzung der Erfüllung.

Klarer Geist – klare Richtung

„In einem aufgewühlten Fluss kannst du den Grund nicht sehen!" Erst, wenn die Sedimente des Chaos sich gesetzt haben, ist eine klare Sicht möglich. Wie der Schmetterling den Prozess der inneren Einkehr in Form der Verpuppung wählt, so ist es auch für die Entwicklung des individuellen Potentials von höchstem Nutzen, in die Stille zu gehen. Nur so entstehen ein klares Gefühl und ein ebenso deutliches Bild von einem Ziel oder einer Vision. Die ruhevolle Kraft eines zentrierten Geistes ist die Basis für einen langfristigen Erfolg!

Das ist keine Erkenntnis der Neuzeit, der Psychologie oder des „New Age". Seit vielen hundert Jahren praktizieren die Schamanen dieser Welt, egal, ob in Amerika, Russland, China, Asien, Afrika oder schon bei den Kelten die sogenannte „Vision Quest", die Suche nach der individuellen Lebensvision! Wenn die *Zeit der Fragestellung* kommt, ist es erforderlich, in die Stille zu gehen, in sich zu kehren, um schließlich aus sich selbst heraus das Neue zu erschaffen, ohne seine Individualität zu verlieren.

Heute jedoch werden die Antworten auf Lebensfragen eher an *Google* abgegeben oder auf *YouTube* nach Neuorientierung gesucht. Doch ein Weg ist nicht für alle!

Die Voraussetzung, um ein Ziel zu erreichen, ist sein Ziel zu kennen!

Das Ziel aus der geklärten Perspektive

Ist das Ziel klar und deutlich, ist die wichtige Voraussetzung zum Erreichen bereits erfüllt. Sie sind auf dem Weg, zum eigenen Schöpfer Ihres Lebens zu werden. Fünf Schöpfungswerkzeuge stehen uns jederzeit zur Verfügung: Gedanke – Bild – Gefühl - Wort und Handlung. Allen großen Errungenschaften dieser Welt ging ein Gedanke voran. Zuerst entsteht ein Gedanke, daraus formt sich ein Bild, die klare Vorstellung des Zieles. Diese *Kraft der Imagination* wird begleitet von der entsprechenden *Gefühlsfrequenz*. Sie gleicht einem *elektrischen Potential* und dient Ihnen gleichzeitig als wichtige Navigationshilfe. Spüren Sie bei der Betrachtung Ihres Zieles eine bejahende Frequenz in Form von zunehmender Vitalität, werden katalysatorische Kräfte freigesetzt, um das Ziel zu erreichen. Nehmen Sie eher eine gedämpfte Schwingung wahr, sollten Sie noch einmal hinschauen!

Sind Sie bereit für Ihren Erfolg?

Überprüfung der Erfolgsbereitschaft

Um Hindernisse und Blockierungen auf dem Weg zum Ziel so gering wie möglich zu halten, ist es sinnvoll, die innerliche Erfolgsbereitschaft zu überprüfen.

Die nachfolgende Übung bietet in ihrer Form diese Möglichkeit:

1. Welche Eigenschaft brauche ich, um mein Ziel zu erreichen?

2. Was ändert sich für mich, wenn ich mein Ziel erreicht habe?

3. Anfertigung einer „Mind-Map", als Weg zu Ihrem Ziel, ausgehend von Ihrer jetzigen Lebenssituation.

4. Ziel sichtbar machen – Erstellen einer Visionstafel

Visuelle Hilfe - Die Visionstafel

Eine sehr hilfreiche Unterstützung ist das Anfertigen einer *Visionstafel* in Form einer *Bild-Collage*. Zeitungsausschnitte, Werbefotos oder sonstiges Material helfen Ihnen, Ihr Ziel visuell zu manifestieren. Einfach und ganz in Ihrer eigenen Art, lassen Sie die Erfüllung Ihres Zieles in allen Details sichtbar werden. Im Zentrum der Collage sollte ein *aktuelles Foto* von Ihnen platziert sein! Das ist *„future pacing"* (die *Zukunft ins JETZT holen*) und Verankern mit allen Sinnen! Future Pacing und Verankern sind wirksame Techniken des NLP (Neuro-Linguistische-Programmierung)!

Ohne Ihr Mitwirken geht es nicht!

Der Weg zum persönlichen Erfolg bedarf Ihrer Unterstützung. Die ideale Unterstützung, um die Körper-Geist-Seele-Einheit stabil zu halten, ist eine ausgewogene, qualitativ hochwertige Ernährung und die tägliche Psychohygiene. So, wie wir auch täglich unseren Körper reinigen und pflegen, sollte auch die Psychohygiene für uns ein alltägliches Ritual sein.

Was versteht man unter Psychohygiene?

Der Begriff Psychohygiene kommt aus dem Mentaltraining. Unter Psychohygiene versteht man das Reinigen und Klarhalten der mentalen und emotionalen Ebene unseres Geistes. In einer für die eigene Person sinnvollen Weise (ohne Selbstkasteiung, Bewertung und Verurteilung) werden die aktuellen, mentalen Aktivitäten (Gedanken) auf ihre Effizienz überprüft und die seelische Befindlichkeit gecheckt. So verhindern Sie rechtzeitig, von blockierenden Mustern der Vergangenheit absorbiert zu werden. Sie bemerken bereits im Ansatz, wann Fremdenergien (Fremdbestimmung) Ihre Persönlichkeit und Ihren Lebensweg beeinflussen, indem Sie mal wieder Regeln und Gedanken folgen, die jemand anders aufgestellt hat.

Das Ritual der täglichen Psychohygiene beinhaltet die Überprüfung:

- der eigenen, inneren Befindlichkeit,

- der laufenden Gedanken (inneren Dialoge),

- der Lebensmotivation (welche Motivation treibt mich an?),

- der Lebensfreude,

- und des Persönlichkeitsbildes, welches wir ins Außen geben wollen. Wie soll die Welt Sie sehen?

Wichtig: Kein Gedanke, keine Entscheidung, keine Handlung geht an der Zellebene vorbei! Alles hat unmittelbare Auswirkungen auf jede der 80 Billionen „Mitarbeiter".

Was du tust, zeigt, wer du bist. Doch wer du bist, ist das Produkt deiner Gedanken.

„Widme die Aufmerksamkeit dem Tun,
nicht so sehr dem Ziel.
Entdecke, wie und was du tust.
Denn wenn du weißt, was du tust,
kannst du tun, was du willst!
Mosche Feldenkrais

Die Form des Lebensstils bestimmt langfristig jeder Mensch selbst.

Das tägliche Leben ist die Plattform, auf der jeder Mensch seine Ausbildung auf der Persönlichkeits- und Seelenebene erhält. Die Anforderungen und Herausforderungen bringen unsere Stärken und Schwächen ans „Tageslicht" und machen sie für uns sichtbar. So ist es für uns möglich, Schwächen nach und nach in Stärken zu verwandeln, und Gedanken und Emotionen entsprechend zu beherrschen: Das ist gelebtes Bewusstsein, in <u>wacher</u> Präsenz!

„Das Leben ist wie Fahrradfahren,
um das Gleichgewicht zu halten,
musst Du in Bewegung bleiben."
Albert Einstein

Kapitel 10

Na, geht doch... – kurz und knackig

Glauben Sie mir, es geht wirklich! Vorausgesetzt ich will es. Ich bin davon Überzeugt, dass uns ein höheres Ziel vorbestimmt ist, als das, was die Mehrzahl der Bundesbürger anstrebt, nämlich irgendwann die Rente zu erreichen. Ja, und dann??? War das alles, was in Ihrem Lebensplan vorgesehen ist?

Ich will mehr, viel mehr. Daher habe ich auch beschlossen, nicht am Renten-kompatiblen-Früh-ableben teilzunehmen. Wie? Noch einmal, hier geht es nicht um ein abnormales Wunderwerkzeug oder gar etwas, das nur „Auserwählte" erreichen können. Absolut nicht! Dieses kleine Buch sieht sich eher als *„Mutmacher und Entwicklungshelfer für jedermann"*! Weil jedermann dahin kommen kann, wenn der *Wunsch der Selbstwirksamkeit* genug Kraft in sich trägt. Wie am Anfang beschrieben, ist das wahre Geheimnis der Macht nichts anderes, als das Wissen, sie zu haben.

Es ist die *Macht der eigenen Entscheidung*. Um jedoch auf allen Ebenen auch langfristig erfolgreich zu sein, braucht es den bewussten Geist, die höchste Form der Intelligenz.

Es ist wichtig, endlich zu begreifen, dass die Macht der eigenen Entscheidung unabhängig vom anatomischen Zustand des Körpers oder von äußeren Bedingungen ist. Sei die Situation noch so verfahren, die Kraft der Entscheidung findet innerlich statt. Ein Wechsel der Perspektive, der Sichtweise, die Veränderung der Sicht der Dinge, das alles ist immer das Ergebnis einer inneren Entscheidung. Die Entscheidung zwischen einer Position der Größe oder einer Position der Kleinheit, die Fähigkeit einer erschaffenden Haltung, oder der eines Opfers, trifft jeder selbst. Menschen wie *Nick Vujicic*, der Mann ohne Arme und Beine, oder *Professor Stephen Hawking* sind Beispiele für diese gigantische Kraft.

Die Realität kreieren wir selbst

Die Zelleigene Intelligenz unserer Billionen Mitarbeiter dient uns als unfehlbares „Resonanzmedium". Wenn wir lernen, uns vertrauensvoll auf das Feedback ihrer Signale einzulassen, verfügen wir über ein einzigartiges Navigationssystem.

Je mehr wir trainieren, die Signale des Körpers wahrzunehmen, desto mehr unterstützen wir die Zusammenarbeit von Körper, Geist und Seele. Viel zu oft neigen wir dazu, Forderungen an unseren Körper zu stellen, die er einfach nicht erfüllen kann. Immer dann, wenn wir die körperliche Konstitution anderer Menschen als Maßstab nehmen, und unsere individuelle Physiologie missachten, geraten wir in die belastende Situation der körperlichen Überforderung. Passiert das immer wieder, reagiert der Körper durch entsprechende Signale (Symptome). Ignorieren wir seine Hilferufe, werden die Symptome massiver und es entsteht eine Krankheit, oder ein Unfall stoppt unsere bisherige Lebensweise.

Jedes Organ in unserem Körper entspricht einer geistigen Funktion, welche uns unmittelbar die Fehlhaltung auf dieser Ebene aufzeigt:

Quelle: *Rüdiger Dahlke* – Psychosomatik

Augen:	die klare Sicht der Dinge
Gehirn:	rationale/emotionale Verarbeitung
Nacken/Schultern:	das Tragen der Last
Lunge:	Entfaltung – Lebenskraft
Herz:	Gefühlszentrum
Hüfte:	Fortschritt
Magen:	Emotionale Verdauung
Hände:	Geben und Empfangen
Haut:	Grenze und Kontakt ins Außen

Körpereigene Intelligenz und Umfeld

Die körpereigene Intelligenz unterstützt uns nicht nur im Nahrungsbereich, sondern auch in der *Sondierung des Umfeldes*. Sicherlich kennt jeder das Gefühl von Unwohlsein in der Gegenwart bestimmter Menschen. Die Magengrube zieht sich zusammen, die Atmung ist abgeflacht und die Beine zeigen durch Unruhe die Tendenz zur Flucht. Der Körper signalisiert, dass irgendetwas oder irgendwer im Umfeld *konträr zum eigenen Resonanzfeld* ist. Das bedeutet: Hier stimmt die „Chemie" nicht.

Durchaus kann dies viele Ursachen haben. Wichtig ist jedoch in erster Linie zu verstehen, dass die körpereigene Intelligenz auf *Disresonanz* immer schneller reagiert als der Verstand, die rationale Ebene. Bis wir rational registriert haben, dass wir uns in einem Feld aufhalten, welches uns nicht guttut, hat der Körper schon längst reagiert.

Das Betriebssystem Körper hat ein eigenes *Frühwarnsystem*. Es ist äußerst sensibel und in seiner Präzision unübertroffen. Schnell und effizient erhalten wir einen Impuls in Form eines *Gefühls als Schwingungsresonanz* zum Umfeld. So erfahren wir jederzeit sehr direkt, ob wir mit einer positiven oder negativen Frequenz konfrontiert werden.

Folgende volkstümlichen Redensarten geben einen Hinweis auf die eigene Sprache des Körpers mit ihrer entsprechenden Symbolik:

- „Ich neige dazu..." (Der Körper neigt sich dem ... zu.)

- „Den kann ich nicht riechen!" (die Chemie ist nicht kompatibel mit der eigenen)

- „Mich friert es, wenn ich die sehe!" (vermutlich eine kalte, herzlose Ausstrahlung)

- „In der Gesellschaft bekomme ich Herpes!" (sich vor etwas ekeln, der Körper fühlt sich verunreinigt)

- „Das tut mir in den Ohren weh." (Die Stimmlage des Gegenübers ist nicht in Resonanz mit dem eigenen Frequenzbereich. Z.B. hohe, schrille Stimmen von Erwachsenen wirken besonders bei Kindern abstoßend)

Die Sprache des Körpers ist ein unbestechliches Navigationssystem.

Erfolg bedeutet: Die Seele mit dem Körper verbinden

Langfristiger Erfolg in allen Bereichen des Lebens stellt sich dann ein, wenn die Körper- Geist- und Seele-Ebene in Ein-Klang sind.

„Der Körper ist das Instrument der Seele,
der ihrer Stimme Resonanz verleiht"
Melodie Beattie

Sinnvolles Recyceln

Warum die Bezeichnung „Sinnvolles Recyceln"?

Weil eine Veränderungspraktik, die nicht der persönlichen Konstitution entspricht, das Ergebnis einer Fremdbestimmung ist, und daher ohne Freude durchgeführt wird. Alles, was wir ohne Freude durchsetzen wollen, ist von vornherein zum Scheitern verurteilt!

Der Schlüssel für eine erfolgreiche Veränderungsarbeit liegt in der Einfachheit, Achtsamkeit und einer großen Portion Geduld. Akzeptieren Sie den Punkt, an dem Sie im Moment stehen, und gehen Sie mit kleinen Schritten vorwärts.

Die *„Magie der kleinen Schritte"* ist das Geheimnis des langfristigen Erfolges. Eine alte Weisheit aus der Welt des Balletts sagt: *"Nicht brechen, sondern biegen!"*

Unsere Persönlichkeit aus den verhärteten Mustern unseres bisherigen Lebens „mit der Brechstange" zu befreien, kostet viel Kraft und Lebensfreude, und birgt bei „Rückfällen" immer die Gefahr der Resignation in sich.

Finden Sie Ihr eigenes Tempo

Jeder Mensch besitzt einen eigenen Grundtonus (individuelle Körperspannung) und ein eigenes Bewegungstempo. Abhängig von der Geburtskonstellation (Jahreszeit, Geburtsstunde und Geburtsort) zeigt sich auch im astrologischen Sternbild, welches Grundtempo die Persönlichkeit in dieses Leben mitbringt. Oftmals ähnelt das natürliche Grundtempo eines Menschen dem Rhythmus der Jahreszeit, in der er geboren wurde.

Vorsicht jedoch vor Verallgemeinerungen! Auch genetische Faktoren tragen mit zur Bildung des Grundtempos bei!

Allgemein gilt als Richtlinie:

• Die Menschen des Frühjahrs zeigen eine ausgeprägte Kraft, Mut zum Durchbruch, und Pioniergeist. Sie gehen vorwärts, probieren aus und motivieren andere Menschen. Sie besitzen durchaus katalysatorische Kräfte.

• Die Menschen des Sommers leben aus und mit der Fülle, voller Lebensfreude, sonnen sich im Licht ihrer Persönlichkeit, und leben eine gewisse Dynamik in der Gegenwart.

• Die Menschen des Herbstes zeigen oftmals eine gewisse Bodenständigkeit und gewachsene Strukturen. Sie haben es nicht so eilig und machen eher einen Schritt nach dem anderen.

• Die Menschen des Winters leben in sich geborgen, in einer inneren Ruhe, bewegen sich eher bedächtig und teilen ihre Kraftreserven gut ein. Sie leben ihren Willen und setzen ihn auch für sich und ihren Weg ein.

Das eigene Tempo zu leben, bedeutet, in vollkommenem Einklang mit Körper, Geist und Seele zu sein. Das kann durchaus für den einen recht dynamisch, und für den anderen ruhig und fließend sein.

Ausdauer ergibt sich aus der Fähigkeit,
im *Bewusstsein* der eigenen Kräfte und Möglichkeiten
ein Gleichgewicht zwischen Tun und Lassen zu leben.

**Übung zur Optimierung des
persönlichen „Time-Managements":**

- Beschreiben Sie Ihr *ideales Wohlfühl-Lebenstempo.* Beachten Sie das *Maß der Anstrengung,* das Sie im Alltag aufwenden.

- Konstruieren Sie unter Beachtung Ihres idealen Tempos den *Ablauf eines Tages.*

- Vergleichen Sie diesen Ablauf mit Ihrem bisher gelebten Tempo.

- Individuelles Time-Management: Was möchten Sie ab sofort zu Ihrem Wohlergehen verändern?

Der Weg zur Freude am Leben, also die praktizierte Lebensfreude erfordert, sich selbst und seine zur Verfügung stehende Zeit schätzen zu lernen und darauf zu achten, womit und mit wem Sie Ihre Zeit verbringen. Was Sie umgibt, das prägt Sie. Insgesamt ist das Leben immer die *Reflexion unserer konditionierten Programme.* Eine gut funktionierende und sinnvolle Zeitplanung (Time-Management) setzt eine große Portion Selbstdisziplin, Konsequenz und die Klarheit der Prioritätensetzung voraus.

*„Du kannst nicht verhindern,
dass die Vögel der Dunkelheit über deinen Kopf fliegen,
aber du kannst verhindern,
dass sie in deinem Geiste Nester bauen."*
Chines. Weisheit

Die Kraft der natürlichen Autorität

Ein Magnet der Sympathie ist ein Mensch, der leicht und natürlich durch das Leben geht, der die Fähigkeit entwickelt hat, sich seinen Fehlern und Unzulänglichkeiten zu stellen, indem er sie annimmt und auch über sie lachen kann. In seiner charismatischen Ausstrahlung, gleicht er einem Künstler, der mit Leichtigkeit mit allen Situationen und Möglichkeiten jongliert. Jeder kann dies erreichen. Doch auch der beste Jongleur muss täglich aufs Neue trainieren, um seine grandiosen Fähigkeiten immer wieder zu optimieren.

„Haltung kommt von innen und wirkt nach außen."
Enrico de Paruta

Haltung ist das Ergebnis stetiger Entwicklung der individuellen Persönlichkeit. Erst das macht sie einzigartig. Eine aufrechte und gelöste Haltung signalisiert einen Menschen, der dem Leben aufrecht, authentisch, offen und flexibel begegnet.

Die natürliche Autorität ist eine Kraft, die jedes Wesen in sich trägt. Sie hat nichts mit Arroganz zu tun und stellt sich auch nicht über andere. Es ist die Kraft, aus sich selbst heraus zu wirken. Mit dieser *praktizierten Selbstwirksamkeit* nehmen wir die Macht der naturgegebenen Autonomie wieder an uns. Sie hilft uns, für uns selbst einzustehen, uns zu schützen, und, wenn es erforderlich ist, auch für uns zu kämpfen. Wir sind unser eigener *„Bodyguard"*.

Der Impuls der Abwehr wird in einer gesunden Persönlichkeit ausgelöst, wenn Ereignisse geschehen, die uns verunsichern oder existentiell bedrohen. Diese Form des

Selbstschutzes ist jedoch nur abrufbar, wenn das Vertrauen in die eigene Kraft und Wirksamkeit vorhanden ist. Dieses Vertrauen entsteht durch kontinuierliches Training. Hilfreich ist hier auch die Erkenntnis, dass der *„tägliche Wahnsinn"* mit all seinen Herausforderungen und Problemsituationen nichts weiter ist, als ein *„Sparringpartner"* und ein Übungsfeld, das uns hilft, unsere wahren Kräfte und gigantischen Potentiale zu entdecken. Sozusagen ist dies unser *emotionales Wellness-Training* zur Stabilisation unserer geistigen und körperlichen Kräfte. Frei Haus, vom Leben geliefert! Denn Probleme sind „Lösungen in Arbeitskleidung"!

Noch einmal: Natürliche Autorität hat nichts mit Egozentrik oder Egoismus zu tun. Ein Mensch, der aus dieser Kraft heraus lebt, respektiert und achtet auch die natürliche Autorität jedes anderen Wesens. Aus dem Bewusstsein heraus, dass jedes Wesen und jeder Mensch einzigartige Qualitäten mit sich bringt, die er voll und ganz in diese Existenz gibt, ist er frei von Hierarchie- und Machtspielen. So, wie er seine Autonomie zur freien Entfaltung seines Potentials benötigt, gesteht er diese auch jedem anderen Menschen zu.

Die naturgegebene Autonomie lebt aus der Überzeugung:

1. Ich habe das Ruder meines Lebensschiffes selbst in der Hand.

2. Ich kann Sichtweisen, Situationen und Dinge handhaben und verändern, weil ich es mir erlaube, zu leben, zu verändern und weiterzugehen.

3. Fehlschläge signalisieren mir notwendigen Optimierungsbedarf. Sie unterstützen mich, notwendige Perspektivwechsel vorzunehmen. Sie berühren in keinster Weise meinen existentiellen Wert als Mensch!

Das ist die Grundnahrung, mit der wir unsere *Selbstwirksamkeit* täglich nähren und stark erhalten! So, wie wir auch unserem Körper täglich gesunde und energiereiche Nahrung zukommen lassen, ist es elementar wichtig, unsere Selbstwirksamkeit funktionsfähig zu halten.

Übung zur Stärkung der Selbstwirksamkeit aus der Kraft der natürlichen Autonomie

Reflektionsfragen:

1. Wie haben Sie bisher spontan reagiert, wenn Sie sich ärgern?

2. Welchen persönlichen Nutzen hat Ihnen die bisherige Verhaltensform gebracht?

3. Welche neue Möglichkeit möchten Sie für sich trainieren?

Das Leben ist ein „Trainingscamp". Aus der Welt des Sports kennen wir das Phänomen, dass kontinuierliches Training zum Erfolg führt. So ist es auch im *Trainingscamp der Selbstwirksamkeit*. Es ist daher empfehlenswert, *täglich zu trainieren*, um das persönliche Ziel erfolgreich zu verwirklichen.

Der tägliche Mental-Check

Eine unerlässliche Übung zur Überprüfung unserer Klarheit und Zentriertheit ist der tägliche Mental-Check. Besonders in Momenten, in denen wir uns dabei ertappen, schlecht gelaunt, reizbar oder über irgendetwas beunruhigt zu sein, ohne dass wir im Augenblick den Grund dafür erkennen können, kann er sehr hilfreich sein.

Checken Sie im Tagesablauf immer wieder kurz:

1. Wie geht es mir gerade?

2. Was brauche ich jetzt?

3. Was könnte mir jetzt helfen, mich zu freuen?

Dokumentieren Sie selbst Ihren Fortschritt

Erfolg hängt davon ab, ob und wie wir unsere Potentiale nutzen. Das Führen eines *Erfolgstagebuchs* hilft Ihnen dabei, Ihre täglichen Fortschritte zu würdigen. Es bietet im Veränderungsprozess eine kostbare, mentale Hilfe. Es stärkt Ihre Motivation und Durchhaltekraft. Das Führen eines Erfolgstagebuchs ist eine Technik aus der Finanzwelt, die weltweit Beliebtheit gefunden hat. Trainiert wird hier eine innere Fokusverschiebung von *problemfixiert auf erfolgsorientiert.* So wird Ihr Unterbewusstsein systematisch auf Erfolg, Erfüllung, Vertrauen und Zuversicht eingestellt. Sinnvoll ist es daher, am Abend eine kurze Notiz über Ihren Fortschritt einzutragen. Ein oder zwei Sätze reichen oftmals aus. Die Hauptsache ist, Fortschritte für Sie selbst sichtbar zu machen!

Und nicht vergessen: In jedem Moment unserer Existenz entscheiden wir uns immer wieder aufs Neue zwischen der Kraft der Selbst-Wirksamkeit, oder der würdelosen Haltung, eines vom Schicksal gebeutelten Opfers!

Ich und Ihre 80 Billionen Mitarbeiter glauben an Sie!
Tun Sie es auch!

Ich bin lebendig,
weil ich eine Kämpferin bin.
Klug,
weil ich Fehler gemacht habe.
Ich kann lachen,
weil ich die Traurigkeit kenne.
Ich bin eine stolze
und starke Frau,
die es durch harte Zeiten
geschafft und gelernt hat,
im Regen zu tanzen.
Verfasserin unbekannt

DITO!

Danksagung

Ich danke von ganzem Herzen Susanne Ertle für die tatkräftige Unterstützung.

Obwohl Mutter eines kleinen Kindes, bot sie mir spontan ihre Hilfe an. Kritisch und mit höchster Fachkompetenz half Sie mir in der entscheidenden Endphase. Ohne ihre großartige Hilfe wäre dieses Buch in dieser Form nicht erschienen.

Ebenso danke ich Catherine Bass, die sich bereit erklärte, das Vorwort zu diesem Werk zu verfassen. Trotz intensiver beruflicher Beanspruchung nahm Catherine sich die Zeit, mit ihrer klaren Wahrnehmung, ihren Eindruck authentisch zu Papier zu bringen.

Zu guter Letzt danke ich in tiefen Respekt und Liebe, meinem Körper, der trotz aller körperlichen und seelischen Herausforderungen, immer noch tapfer und voller Lebensfreude mit mir gemeinsam das Abenteuer Leben bis in jede Zelle hinein genießt.

Danke

--- ---

Literaturliste – Autoren alphabetisch gelistet:

Assagioli, Roberto: „Psychosynthese: Prinzipien, Methoden, Technik"
- Atrologisches-Psychologisches-Institut Adliswil/ Zürich
Beliveau, Richard, Prof. Dr. med., Gingras, Denis, Dr. Med.:
„Krebszellen mögen keine Himbeeren"
Berne, Eric: „Spiele der Erwachsenen – Games People Play"
- rororo
Betz, Robet: „Der kleine Führer zum großen Erfolg"
- Verlag Roberto & Philippo
Bock, Petra, Dr.: „Mind Fuck"
- Knaur
Birkenbiehl, Vera F.: „Erfolgs-Psychologie"
                       „Viren des Geistes"
                       „Stroh im Kopf"
                       „Menschen beeinflussen"
Burgerstein, Lothar, Dr.: „Burgersteins Handbuch der Nährstoffe"
- Haug
Chia, Mantak: „TAO Yoga des Heilens"
- Ansata
Dale, Cyndi: „Das Handbuch der Energiemedizin"
- Lotos
Dalai Lama: „Die Buddha-Natur"
– Aquamarin Verlag
Dahlke, Rüdiger, Dr.: „Krankheit als Symbol, Handbuch der Psychosomatik"
- Bertelsmann
Deepak, Chopra, Dr.: „Dein Heilgeheimnis"
– Heyne
Dowling, Colette: „Der Cinderella Komplex"
- Fischer
Eichinger, Uschi, Hoffmann Kyra: „Der Burnout Irrtum"
                                    „Die Anti-Stress-Ernährung"
– Sytemed

Ertle, Susanne: „Burnout im Baby-Glück?"
- tredition
Fedrigotti, Anthony: „Zum Erfolg geboren"
– Goldmann
Ferruci, Piero: „Werde was du bist – Psychosynthese"
- rororo
Gehringer, Petra: „Geomantie – Wege zur Ganzheit von Mensch und Erde"
- Neue Erde
Haley, Jay: „Die Psychotherapie Milton H. Erickson"
- Pfeiffer
Harris, Thomas A.: „Ich bin ok, du bist ok"
- rororo
Hesse, Hermann: „Siddhartha"
- Suhrkamp
Hirneisen, Lothar: „Chemotherapie heilt Krebs und die Welt ist eine Scheibe"
- Amazon
Hobert, Ingfried, Dr. med.: „Körperbewusstsein und Zellintelligenz"
– Crotona
Höller Jürgen: „Sprenge Deine Grenzen"
        „JA! Wie sie ihre Ängste, Probleme und Krisen meistern"
- Econ
Jopp, Klaus E.: „Positiv denken – zufrieden leben"
– Weltbild
Kast, Verena: „Der schöpferische Sprung"
- dtv
Kaluza, Gert: „Gelassen und sicher im Stress"
– Springer
Katie, Byron: „The Work – Der einfache Weg zum befreiten Leben"
        „Liebe was ist"
- Amazon

Kieslich Ulrich, Mircea Ighisan: „Transformation in der Matix"
– matrix-transformation
Laszlo/Laszlo: „Management-Wissen der 3. Art"
– gabler
Lejeune, Erich J.: „Lebe ehrlich – werde reich"
- mvg
Lipton, Bruce H.,Prof. Dr.: „Intelligente Zellen"
– Koha
McTaggart, Lynne: „Das Nullpunkt-Feld"
- Goldmann
Mansfield, Victor: "TAO des Zufalls"
– Diederichs New Science
Martin, Fried: „Was ich bin, macht mich frei"
– orelli füssli
Miller, Alice: „Das Drama des begabten Kindes"
„Am Anfang war Erziehung"
– Suhrkamp
Modler, Peter: „Das Arroganz Prinzip"
- Fischer
Martin, Bruno: „Gurdieff Praxisbuch"
– Schirner Verlag
Parikh Jagdish: "Managing Your Self"
– Gabler
Peppler, Antonie: „Die psychologische Bedeutung homöopathi-scher Arzneien"
– CKH Verlag
Robbins, Anthony: „Das Prinzip des geistigen Erfolges"
- Allegria
Roderich Heinze, Elmar Rinck: „Der Aufschwung beginnt bei mir"
– Orell Füssli
Roth, Gabrielle: „Das befreite Herz"
- Heyne
Satir, Virginia: „Das Satir-Modell – Familientherapie"
– Junfermann

Schreiber-Servan, David: „Das Anti Krebs Buch"
– Goldmann
Schwennesen, Olaf: „Selbstbewusstsein"
– CreateSpace Independent Publishing Platform
Sollmann, Ulrich: „Management by Körper – Körpersprache-Bioenergetik-Stressbewältigung"
- rororo
Schulz von Thun, Friedemann: „Triologie – Miteinander reden"
– rororo
Steinbrecher, Sigrid: „Die Vaterfalle – Die Macht der Väter über die Gefühle der Töchter"
- rororo
Tischinger, Michael, Dr. med. Dipl. theol. FA Psychiatrie u. Psychotherpie: „Jeder Tag ist ein geschenktes Leben"
- Kreuz
Tolle, Eckhart: „JETZT"
– Kamphausen
Trickett, Shirley: „Endlich wieder angstfrei leben"
- Piper
Unger, Magdalena: „Die Angst bändigen, souverän bleiben"
– Beltz
Überall, Andrea Dr. u. Florian Prof. Dr.: „EssMedizin"
– Nymphenburger
Walsch Neale Donald: „Gespräche mit Gott"
„Erschaffe Dich neu"
– Goldmann und Goldmann Mosaik
Wattles, Wallace D.: "The Science of getting rich"
- MensSana
Watzlawick, Paul: „Anleitung zum Unglücklichsein"
- Piper
Wieczorek, Thomas: „Die verblödete Republik"
- Knaur
Williams Arthur L.: „Das Prinzip Gewinnen"
– Redline
Zeland, Vadim: „Transsurfing – Die Realität ist steuerbar"
- Silberschnur

Zur Autorin

Maria Magdalena Bäcker (Jg. 52) lebt heute im schönen Oberallgäu, und ist seit 1990 als Heilpraktikerin, Dozentin und Trainerin tätig. Der Grundsatz Ihrer Arbeit ist die Unterstützung der Autonomie des Individuums. Bewusst Erkennen und Verändern bilden die Voraussetzung um ein qualitativ hochwertiges Leben zu genießen. Eine Langjährige Ausbildung der Transpersonalen Psychologie, Humanistische Therapieformen, Mentaltraining, Geomantie, Reiki-Lehrer-Ausbildung, Vitalstoff- und Ernährungstherapie bilden die Grundwerkzeuge Ihres Life-Coaching. Die Zusatzqualifikationen als zertifizierte ECA-Gesundheits-Coach-Expert mit Level-Master Competence runden über drei Jahrzehnte ganzheitliche Berufserfahrung ab. Bekannt für Ihre methodisch effizienten und lösungsorientierten Ansätze, hilft Sie, den ganz persönlichen Weg des Wohlbefindens zu entdecken und umzusetzen. Aus ihrem ursprünglichen Beruf als Assistentin für Radiologie und Labormedizin bringt sie ein umfangreiches, medizinisches Fachwissen als Grundpfeiler Ihrer Arbeit mit.

FSC
www.fsc.org
MIX
Papier | Fördert
gute Waldnutzung
FSC® C083411

Zeitfracht Medien GmbH
Ferdinand-Jühlke-Straße 7
99095 Erfurt, Deutschland
produktsicherheit@kolibri360.de